输出力

[日] 斋藤孝 著
潘郁灵 译

推荐序一

越来越多的人开始重视个人 IP 的打造,有意识地通过各种方式进行输出。

输出的价值,人尽皆知。把一篇文章当成一个产品来打磨,请专业的人反馈、修改,打磨成业内的人都忍不住想转发的干货,这样的文章非常有穿透力,几篇就足以建立起一个 IP。

在我的身边,有不少这样的案例。我社群中的几位"老炮",通过输出自己行业内的一两篇精华内容,获得了十几万的阅读量,快速建立影响力;也有笔耕不辍的自媒体创作者,持续输出有观点的思考成果,从零开始积累起了自己的读者群,成为自由职业者,获得可观的收入。

这些都是输出者在这个时代获得的红利。

但输出这件事往往被曲解。很多人对于输出的刻意练习,会变成没有技巧的低水平重复,比如不接受任何反馈的日更,在输出者没有太多实践经验的时候,这样的做法未必能起到正面的作用。

既没有信息增量,又没有读者买账,输出能力被困在"永恒的当下"。

在史蒂芬·平克的《风格感觉》一书中,对写作有一个很精准的表述:

"写作之难,在于把网状的思考,用树状的结构,体现在线性展开的语句中。"

　　但输出不是。写作是输出的一部分，所谓输出，其实是更广义的表达。

　　每天在微信上大量的工作沟通，算不算输出？酒桌上朋友之间的几句倾诉，算不算输出？下意识的回复和应答，算不算输出？

　　严格意义上，都算。我们可以始于广义的输出，"先有数量，再有质量"，却不能止步于此，因为我们往往有更长远的打算。输出是实现这些打算的工具，我们为此而展开更多面向输出的思考、学习、训练。

　　刻意练习输出能力需要很多技巧，包括用传授代替学习的费曼方法、番茄钟定时写作、定量练习、定向阅读经典……这些技巧没有好坏之分，只在场景、阶段、解决的问题等方面各有适用。

　　在这本书中，包括上面这些概念在内共有 85 个知识点，每一个都被清晰阐述，并提供了相关的案例。输出的种种技巧，在一个系统的"输出力"框架中，被织成了一张脉络清晰的网。

　　从为什么写，到写什么，到如何写，再到如何刻意练习输出的手感与惯性，以及如何在输出过程中增加个人风格（也可以说是品牌调性），我在书中看到了一些新颖的视角。

　　我们真正想要拥有的输出能力，一定不是肌肉记忆式的，而是通过系统思考生产出价值更大、影响更广的内容。这样的输出也会成为更系统的工程，不再是徒手将细沙堆成小山，而是一砖一瓦搭建出高耸的楼宇。

盖楼的过程中，你一定会遇到各种场景、各种问题、各种质疑，以及各种瓶颈。这本书像是装满各种输出建议的工具箱，你未必需要通读，也未必需要全部掌握，只要找到能解决自己当下问题的一两个小章节，就已经足够有价值。

买到工具只需要一个支付动作，而掌握工具却没有所谓的"进度条"。输出如创业，道阻且长，未来也无法预测，但只要享受其过程，自然会在某个瞬间看到它开花结果。

"生财有术"创始人　亦仁

2021 年 7 月

推荐序二

一些明显的现象被大众有意忽略了。

而存在少部分人,他们或有意或无意地修炼了扩散这些现象的能力,于是这些人在短时间内收获了名气财富。

不过好玩的是:大众,甚至包括这些人自己,都不知道为什么付出同样的努力,他们却能做得更快。

如果你去问他们:你到底是哪方面的能力比较突出,才能比同行业同水平的人更快取得成果?

他们当中的很多人可能会回答:因为我很努力。

很好,万能的答案,你我都不想听到的废话。

毕竟,谁不努力?谁还没有几分天赋?

但我们想知道的是,为什么一些比他们更努力更有天赋的人却没他们快!

你我都想知道的是,这些人到底是往哪方面努力了,才能取得事半功倍的效果?在通往所谓成功的这条路上,即便同样努力,是否也存在捷径?

我们设定同样一群光脚走路,连行走速度都一样的人,他们向同样的终点行进,其间自行规划行走路径,路径有千万条,并且都能到达终点。

你觉得会是什么结果?很明显,肯定会有部分人抢先抵达,他们是找到捷径的人;还有一部分人晚到,他们是走了不少弯路的人；当然还有一部分人，一直在弯路中兜圈子，一辈子都到不了终点。

大部分人是后面两种人，但我们都想做第一种人。

但第一种人不一定能给我们答案，正如我刚才所说，他们当中很多人走了捷径而不自知。

同理，我们把这个假定搬到我们的人生中来看看。

你和一群和你具备同等天赋同等水平的人站在一起，有各种各样的能力可供你修炼，就像武功秘籍一样，你选择练什么功？假如你们能且只能选择三种，你会选择哪三种？

说完这个规则你应该很快就能明白，这个结果会受什么关键因素的影响。那些选择了优秀的能力组合的人，一定会比别人更快获得想要的东西。这些人相对其他人而言，其实就是走了捷径。

所以你会看到，一群差不多的人，他们付出了同样的努力，结果却大不一样。因为有些人选择的努力方向就是更好，他们所修炼的能力如今就是更吃香。

那么问题就来了：什么样的能力在如今可以帮我们走捷径？

看看这本书的名字——《输出力》。

凭什么？

来，让我们回到我最开始说的那句话：一些明显的现象被大众有意忽略了。

让我们来看看我们忽略了哪些明显的现象。

第一种现象：几乎每个人都关注了一些自媒体博主，我们被他们的观点吸引，我们在他们输出的内容中获取知识，汲取快乐、增加动力，我们在潜意识里把他们当作满足自我、打发无聊的工具。同时我们是他们的流量，我们增加了他们的 IP 价值。

第二种现象：几乎每个人的内心都有一些难以言表的情绪，这些情绪不是简单的快乐或悲伤，你自己无法表达它们，只能任由它们积压在你的心中，让你无比煎熬；但所幸我们会遇到一些人，他们能用自己的方式将你无法言表的感受表达出来，那一瞬间他们仿佛成为你的救世主，让你获得了一种被疏通的快感，你会因此感激他们，信任他们，对他们产生好感。虽然无论你是否存在，他们都具备这种表达能力，但我们增加了他们这种能力的含金量。

第三种现象：几乎每个人都有自己的价值，这些价值由我们自身的天赋、性格、长相等决定。一定有人喜欢或者正需要你所能提供的价值，你和这样的人合作，能最大限度发挥你的优势。但很遗憾，每个人的社交圈子范围有限，这就决定了你很难找到能给你的价值做乘法的人；或者还有一种可能，你遇到了这样的人，但是你没有让他看到你的价值，所以你错过了机会。但你对他们来说并不算损失，因为你提供的价值并非无可替代，他们可以去找让他们看到这种价值的人，那些人可能提供的价值并不比你高，但是贵在能让别人看到。

以上三种都是普遍现象，分别对应了不同的人群。

第一种现象当中的最大获利方是自媒体博主，他们通过自己输出的内容，让你成为他们千百万流量当中的一分子，树立了自己的 IP，提升了自己的商业价值，从而赚到了你作为流量所赚不到的钱。

第二种现象当中的最大获利方是能够帮你表达的人，我们可以简单地称呼他们为"代言人"。这种人因为无数个"你"的存在，无端获得了比常人更多的信任和好感，他们利用这些多出来的偏爱，获得了更多的利益和便利。

第三种现象当中不存在最大获利方，但存在一个失利方，也就是无法向他人输出自己价值，让别人看到自己价值点的人。这个失利方在一定程度上来说，败给了能够输出价值的一方。

那么现在你发现什么了吗？

能输出的人，往往具备更为明显的优势，所以现在你觉得，输出力是不是一种能让人走捷径的能力呢？具备强大输出力的人，可以直接将这种能力变现为商业价值，也可以用这种能力获得他人的好感，最重要的是，能让别人看到自己的价值！请不要忽略这一点，认为这不足挂齿。我们常常说人生要是遇到贵人的话就能迅速起飞，可惜的是遇到贵人的概率小之又小，那你有没有想过，为什么这个概率这么小？因为一般人从未有意识地去增加让贵人发现自己的概率！而输出不正是增加这种概率的方式之一吗？

最近我一直在思考一些事情，因为我很慌。说实话，我的年纪并不大，大学毕业也没几年，但是发展的速度是有些快的，我做了短视频，成了自媒体博主，因此获得了更多的机会、人脉和资源，但我很慌，因为我不知道自己凭什么。就努力程度而言，我身边有比我更努力的，我排不上号；就天赋和水平而言，远比我有天赋和水平的更是大有人在。因此，我不知道自己应该如何维持或者突破现有的状态。在看这本《输出力》之前，我还很迷茫，我知道自己一定是有什么地方做对了，一定是有一个点打准了，但是我不知道具体是什么，或许我就是那种"无意中走了捷径却不自知"的人。

从前我以为输入是最重要的，不停地输入新的知识然后沉淀积累，总有厚积薄发的一天。现在我仍然认为输入很重要，但更明白了：真的想爆发，还得依靠输出力。输入那么多，自己表达不出来，输出不了，无法让人看到自己具备许多知识和能力，那有什么用呢？孤芳自赏吗？

在这个星光璀璨的时代，我们必须要学会怎样才能让别人看到自己的光。

落识传媒首席内容官　阿鱼
2021 年 7 月

序　言

我们通过书籍、网络汲取了大量知识，文化、艺术无一不精，有着极高的修养。然而，它们却通通被我们束之高阁……

好像输入本身就能带来满足感。我们仍然缺乏通过输出来获得某些成果的意识。这真是极大的浪费。

过去，学富五车之人被尊称为"行走的百科全书"。但是，当今时代只需要单手打开手机，就能轻松进行检索，随时随地都能够简单地获取精确的知识。

仅有丰富的知识，无法创造价值。如何把知识和知识组合在一起并进行创新，才是关键所在。为此，需要我们把输入的知识源源不断地输送出来，并借此培养"意识"。

不能只是一味地积累知识，在输出的过程中，才可能收获意料之外的新创意。

不仅学问广博，还能在日常交流或者SNS(社交网络服务)中为大家提供丰富的话题，引起众人的共鸣——这种既擅长输入，又擅长输出的人，总能给人以"能力超群"的感觉。

成为这样一种人，应该是很多人的理想吧。

那么，为了同时加强输入和输出，我们该做些什么呢？

<u>答案只有一个，就是彻底转变为"输出优先"。在本书中，我想告诉大家的就是：要以"输入1∶输出9"这一比例为目标。</u>

我也曾有过输入和输出失衡的日子。

在东京大学攻读研究生期间，因执着于研究者的梦想而用力过度。只顾埋头输入，在近两年的时间内，一项像样的输出也没有。

这时，我毅然转变了自己的想法。

我的航线出现了 180 度的转变，不再从庞大的输入内容中选择应输出的内容，而是以输出（对于研究者来说，就是撰写论文）为目的，为此进行必要的输入。

因此扭转了两年时间一篇论文也没产出的局面，在而后的一年内竟成功产出了六篇之多。

自此之后，我将当时的教训铭记于心，一直奉行学习中以输出为目标、工作中以输出为中心的模式。

"输出优先主义"和"进攻即最大的防御"这一理念有异曲同工之妙。

如果以输出（进攻）为优先，那么必然能够根据需要及时进行输入（防御）。但是，如果过分关注输入（防御），就会忽略输出（进攻）。

虽然我很喜欢看足球，但只是没完没了地运球，而不以球门为目标的比赛实在是食之无味。我想，我们首先要做的是培养以球门为目标、精准射门（输出）的积极作风。

尤其在这个瞬息万变的时代，这个要求大家在短期内做出成果的时代，更是如此。所以我建议大家立刻转变观念，以输出为优先。

幸运的是，如今在我们身边，输出的机会比比皆是。

四十年前，在我刚刚涉足学问界时，几乎没有输出的机会。

即便笔耕不辍，"手写"论文，读者也寥寥无几。即便偶尔有出版的机会，也就只有三五知己捧场而已。可以说是输出的寒冬时代。

但是，当今时代已经发生了翻天覆地的变化。

战前（1938年）创始的岩波新书曾经秉持的理念是"出版著名学者面向普通大众编著的启蒙书籍"，但现在随手翻阅一本新书就可以发现，各种标签层出不穷，诸如博主和YouTuber（译者注：视频网站YouTube上的内容创作者）之类的创作者也正在源源不断地涌入图书市场。

最初的"在书籍或杂志上发表文章的人＝专业"这一标准也早已经被抛到了九霄云外。仔细想想，拥有100万以上粉丝的YouTuber和仅卖出1万册的图书作者相比，这些"网络红人"的社会影响力无疑遥遥领先。

如果说学者和作家的头衔是驾照，那么可以说，以前没有驾照就不能在公路上行驶。但是现在已经变成了一个只要会开车，任何人都可以手握方向盘，堂而皇之上路的时代。

而且，即使驾驶技术拙劣也会被接受，甚至还会被视为别具风格。

现在，"所有人都是表达专家"。

如果一个人在SNS上发布自己写的短篇小说，标榜自己是"小说家"，那么从那一刻起，他就摇身变成了小说家。就是如此轻而易举。

而且，小说一经发表，全世界的人都可以通过网络阅读，这也和印刷制品大相径庭。

首先，请大家认识到，其实输出的机会俯拾皆是。那么，该如何利用输出的有利环境，积极进行输出呢？

本书将为大家介绍"说话""写作""发布"等输出形式中的技巧，以这个 SNS 全盛时代为背景，悉数奉上我的心得体会。

希望大家读罢本书之后，立刻就将重点转移到输出上来，而不是寄希望于明日。输出是一种能力。

文化的发展离不开我们每个人的努力，衷心希望能够看到更多优秀的输出成果。

目 录

第 1 章 / 输入需以输出为导向

1 | 输出并非以"精"取胜,而需以"次数"为优先 ………… 2
2 | 重视"周转知识的能力" …………………………………… 5
3 | 输入要以输出为目的 ………………………………………… 8
4 | 跟着能剧和落语学习输出的精髓 …………………………… 11
5 | 边吐槽边输入 ………………………………………………… 14
6 | 用输出释放压力 ……………………………………………… 16
7 | 勇气比质量更重要,我们需要大胆表达 …………………… 19
8 | 享受输出最纯粹的乐趣 ……………………………………… 22

第 2 章 / 实用输出技巧

9 | 跟着井上阳水学习输出的奥秘 ……………………………… 26
10 | 将"输入 1:输出 9"付诸实践 …………………………… 29
11 | "不经意地"引用名著《麦克白》 ………………………… 32
12 | 追赶潮流,无须犹豫 ………………………………………… 35
13 | 强行创造输出机会 …………………………………………… 38
14 | 爽快接受别人的"无理要求" ……………………………… 40
15 | 不断"实践"某种方法 ……………………………………… 42
16 | 自掏腰包,自己投资 ………………………………………… 44

17	怀有"分享"的热情	47
18	用精选（选择）制造原创感	50
19	用精挑细选的"BEST 3"进行自我表达	53
20	发表小众化信息	55

第3章／言语输出的基本技巧

21	通过言语表达不断进行"自我实现"	60
22	闲谈不必有结果和结论	62
23	扩展对方的话题，及时附和	64
24	积累素材从日常做起	66
25	提出让对方感兴趣的问题	68
26	不了解的话题，也要努力参与	71
27	用15秒谈论一个话题	74
28	将最终目标定为1分钟发言	76
29	通过自己喜爱的事物进行自我介绍	78
30	三个实用的演讲技巧	80
31	报告要趁早	82
32	上司应创造良好环境，主动找下属谈心	84
33	销售人员需要提供三个选项	86
34	将要求具体化	89
35	边听边记录自己的意见	91

第 4 章　用文字输出提升自己的能力

- 36 ｜ 写作时以 10 页稿纸（4000 字）为目标 …………… 94
- 37 ｜ 写之前先说 …………… 97
- 38 ｜ 文章中需包含新发现、新观点 …………… 99
- 39 ｜ 写作时，量比质先行 …………… 101
- 40 ｜ 不能复制粘贴，但可以"引用" …………… 103
- 41 ｜ 在咖啡馆进行"手机输出" …………… 105
- 42 ｜ 坚持定量，在一定时间内专注于写作 …………… 107
- 43 ｜ 边读书，边写读书心得 …………… 109
- 44 ｜ 将故事的关键词与现实相联系 …………… 111
- 45 ｜ 写作时要设定截止日期 …………… 113
- 46 ｜ 挑选三个佳句写书评 …………… 116
- 47 ｜ 将短篇缩略至五分之一，培养编辑能力 …………… 118
- 48 ｜ 发送邮件前，先"小声读一遍" …………… 121

第 5 章　让你灵感不断的输出技巧

- 49 ｜ 培养当事人意识，收获创意 …………… 124
- 50 ｜ 跳出现有创意的框架，重新排列组合 …………… 126
- 51 ｜ 大胆表达自己的想法，"就算不行也无妨" …………… 128
- 52 ｜ 方案要准备三个 …………… 130
- 53 ｜ 利用"函数"思维，构思全新的创意 …………… 132
- 54 ｜ 好状态催生好创意 …………… 134
- 55 ｜ 把笔记当作创意的起点 …………… 137

| 56 | 输出前明确对方要求 ·· 140

第 6 章 / 直击心灵的输出

| 57 | 用反馈回应反馈 ·· 144
| 58 | 读完 20 本书就是"专家" ···································· 146
| 59 | 将自己居住的街道作为输出素材 ························ 148
| 60 | 试着做一个"文化传播者" ································ 151
| 61 | 带着输出欲望去旅行 ··· 153
| 62 | 学习落语和漫才的吐槽方式，提升幽默感 ········ 155
| 63 | 提高亲和力，保持良好情绪 ······························ 158
| 64 | 阐述梦想与目标时，应分为短期和长期 ············ 160

第 7 章 / 每天都可以练习的输出型学习法

| 65 | 学会输出技能 ··· 164
| 66 | 两人一组，互相检验学习成果 ···························· 167
| 67 | 说明时，找到三个关键点 ··································· 169
| 68 | 通过"做老师"来巩固知识 ································ 171
| 69 | 立即输出，避免遗忘 ··· 174
| 70 | 经常练习，提升输出能力 ··································· 176
| 71 | 英语能力也可以通过表达突飞猛进 ···················· 179
| 72 | 想提升英语口语，那就找一位"听众" ············· 181
| 73 | 利用碎片化时间学习 ··· 183
| 74 | 用秒表测算书写时间 ··· 185

第 8 章 / 具备个人色彩的输出

- 75 | 不要太过在意粉丝数量和点赞数 …… 188
- 76 | 关注评价之前,得到自己的认可 …… 191
- 77 | 实名投稿正能量内容 …… 194
- 78 | 否定性批判,就让它随风而逝吧 …… 196
- 79 | 反复琢磨,表达出自己的个性 …… 198
- 80 | 从特别的角度切入,实现独创性 …… 200
- 81 | 出门的时候尽量找到一件有意思的事物 …… 202
- 82 | 不要单纯炫耀自己的"现充(现实中过得很充实)" …… 204
- 83 | 取一个吸睛的标题 …… 206
- 84 | 限定一个主题 …… 209
- 85 | 即便不是科班出身,也可以给自己安一个"小说家"的名头 …… 211

后记 …… 214

第 1 章

输入需以
输出为导向

1 输出并非以"精"取胜，而需以"次数"为优先

每天通过书籍、网络输入了大量的知识，但却无法输出的人比比皆是。

即便这些人有自己的想法，也常被大家误解为"完全不会独立思考"，而很多人也甘于这种贬低式评价。这确实令人惋惜。

原本就有非常多的日本人认为自己不擅长说话，不擅长写作，也就是说，大多数人"输入过多，而输出不足"。

试着分析一下其中原因，可以列举出三大问题，虽也是情理之中，却始终难以克服。认为自己不懂输出之道的人，首先应该重新认识这三大问题。

问题一，瞻前顾后的心理。

"总感觉，在大家面前发表自己的意见有点儿不自量力。"

"自己还没有那个实力。"

说得好听一点，这是日本人特有的"谦虚"，但究其本质其实就是缺乏"魄力"。

在演讲结束后，我经常跟大家说，"请大家畅所欲言，可以说自己的感想，也可以提问题"，然而却经常出现会场鸦雀无声的尴尬情况。

如果让大家举手发言，众人往往选择退缩，但如果我指

名让某人发表意见，就经常能够收获令人喜出望外的言论。

简而言之，只是瞻前顾后的心理在作怪。

谦虚是美德，但过于缺乏自信的行为和欲言又止的态度，反而会给人留下不可靠的印象。

甚至周围的人都会焦急不堪，然后恨铁不成钢地说上一句："你倒是说呀！"

问题二，恐惧心理。

其实产生瞻前顾后心理的真正原因，是对犯错的恐惧。"不想犯错"的想法越强烈，就越不敢大胆发言。

"如果说错，还不如不说"是一种非常普遍的心理。

发言本身本无对错之分，各种意见都有存在的可能。然而在学生时代的考试中，正确答案永远只有一个，大家深受此观念影响。

当然，传递正确的信息十分重要，但这不应该成为我们放弃输出的理由。

问题三，没有做好充足的输出心理准备。

很多人在进行输入的时候，并不是以"说话""写作""传递"等输出为前提。

从小学到大学，需要输出的场合也就只有考试和入学面试。只在限定的场合，展示自己的成果，这说到底只是为了获得相应的评价。在上课的过程中，大家并没有形成"输出过往所学知识"的习惯。

学生时代尚可安稳度过,一旦进入社会,就会碰一鼻子灰。

输出与成效有着密切的联系,是社会人必须具备的能力之一。输出的质量直接影响了他人对你的评价。

即便是在一个小型会议上,也必须表达自己的意见,展示一些成果。

要想具备这样的竞争力,平时就要有意识地增加输出"次数"。

与其反复权衡思量后给出一个方案,倒不如不断把自己的所思所想展现给大家。

这个时代,没有人能百分百做到一击即中,即便绞尽脑汁给出的方案,也不一定能够一鸣惊人。

如今,输出次数才是竞争力的最有力保障。

通过输出,输入的信息更容易被固化于脑中。更重要的是,人在养成输出的习惯之后,便会越来越享受输出的乐趣,进而形成良性循环。

而这种良性循环会直接提升竞争力。

不擅长输出的人会很吃亏。相反,即便知识层面有欠缺,但是只要领悟了输出之道,往往就会受益匪浅。

首先,请牢记以下法则!

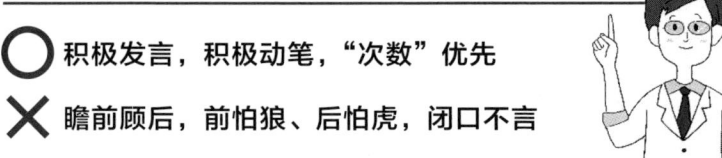

〇 积极发言,积极动笔,"次数"优先

✗ 瞻前顾后,前怕狼、后怕虎,闭口不言

2 | 重视"周转知识的能力"

"斋藤老师，为什么您能出版这么多本书呢？"

我经常听到这样的问题。的确，至今我已经出版了700余本图书，自认为输出量不在少数。

那么，为什么我能如此频繁地输出呢？

很多人会理所当然地认为，"因为输入量大"。仿佛一处巨大的油田，在源源不断地产出原油。

然而，在我看来，知识的周转速度远比存储量重要。"输出知识，吸收知识"这一周转过程至关重要。

这就好比是一个人流量极大的便利店。

我以前曾在电视上看过一档对东京站内便利店进行追踪调查的纪录片节目。

这里的便利店，在深夜时就将饭团、面包、便当等商品摆放整齐，为开店做准备。开店之后，出差的白领、游客接踵而至，陈列架上琳琅满目的商品很快就会被采购一空。

店员不停地补充商品，顾客也终日不断。

甚至当顾客伸手选购饭团时，还会不小心碰到从货架后方补货的店员。这着实让顾客大吃一惊。

知识的输入和输出其实就如同繁忙便利店中令人应接不暇的商品周转。或者说,人们经常为了输出知识而急急忙忙地输入。当务之急是提高"周转知识的能力"。

很多人都缺乏知识周转的意识。

比如在便利店中,陈列的商品一旦发生滞销,就必然会蒙上一层灰。

这时,即便想继续补充商品(知识)也无处摆放,而且久而久之,商家的积极性也会慢慢消失。

所以需要转变观念,重视周转的作用,不管陈列的商品(知识)有多少,想方设法把商品销售给客户(输出)才是重

中之重。

商品销售一空，才能大举补充商品。看着陈列的商品一件一件销售出去，才能享受到做生意的乐趣。

这就是理想状态。也就是说，输出优先是大前提。

输出优先，才会迫于需要，合理进行输入。

即便知识储备不足，积极与人交谈也能让我们拨云见日。拨云见日之后，再进行知识补充，之后就会产生进一步与人交流的欲望。

这时就可以停下脚步，反省一下自己。

你懂得如何周转知识吗？

脑海中的知识是不是已经蒙上了灰尘？

在脑海中尘封十年之久的知识恐怕早已没有了用武之地。

可用的知识往往是刚刚输入的知识。

在学者的世界中，确实还存在着一种情况，就是脑海中存储的知识会在二十年甚至三十年之后才派上用场。

但是在一般情况下，只有刚刚输入的知识才能算作新鲜事物，也更容易激发他人的兴趣。

因此，首先要把掌握"周转知识的能力"作为自己的努力方向。

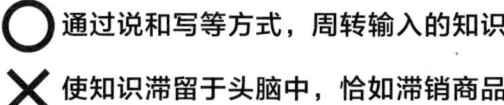

〇 通过说和写等方式，周转输入的知识

✕ 使知识滞留于头脑中，恰如滞销商品

3 输入要以输出为目的

提高知识周转能力的关键在于以输出为前提。

需时刻谨记，输入的目的是输出，比如，"与人交流""在 SNS 上发布消息"等等。如此便可提高输入和输出两方面的能力。

我经常有在数百位听众面前发表演讲的机会。而演讲的一个前提条件就是，演讲者与听众之间的知识差距需达到 10 倍以上。

针对某一课题，如果听众涉猎过一两本该方面的书籍，那么演讲者至少需要通读 20 本。

所以，在演讲前的两天之内，要集中进行知识输入。一口气阅读 20 本相关书籍之后，就会迫不及待地想要表达自己的想法。

当表达欲达到顶峰时，登上演讲台的那一刻就必然能呈现出一种极其自信的状态。

有自己储备的知识做后盾，再加上刚刚阅读过大量内容，将自己读书时收获的感动再现给广大听众也是水到渠成之事。

听众也必然听得津津有味。

当然，并不是说，只要读够 20 本书，就能吸引听众。

还需要掌握一些技巧，对这 20 本书的知识进行取舍，并将其重新整合成起伏跌宕的故事。（本书之后将针对这一技巧进行详细说明。）

我只不过是在平常生活中重视"知识周转"的作用，不断练习输出，掌握了这一技巧罢了。总而言之，在平常生活中，就要时刻将"在人前发表有趣的言论"谨记于心，然后再通过多多阅读书籍，多多在网络上涉猎相关知识进行输入。

如果不把与人交谈或者在 SNS 上发布信息当作输入的前提，而是漫无目的地读书，确实不会产生太大的危害。这也可以算是一种乐趣，但最终结果就是，几天或者几周之后，就会把书中的内容忘得一干二净。

这种现象不禁让人扼腕叹息。

相反，如果以输出为前提，输入的质量将进一步提高。

例如，在读书时，对于"绝对能让人眼前一亮的表达"，可以用红线标注，对于"需要传达给他人的关键信息"，可以用蓝线标注。

或者，对于"可以当作笑话讲述给他人的表达"，可以用绿线标注。如上所述，在读书时应该提前规划好各种内容的使用方法。

以输出为前提，就能更认真地输入。曾在考试（输出）前彻夜奋战（输入）的人绝对深有体会。

但是，还需要认真思考一个问题。考试之前临时抱佛脚的那些人，在上课的过程中，究竟在做什么呢？

如果在平常上课的过程中就做好输出的思想准备，那么在考试前就不必如此手忙脚乱。所以，在平时就以输出为前提才是最有效的方法。

○ 获取信息需以与人交流、在 SNS 上发布信息为前提

✗ 盲目追求信息，漫无目的地阅读、听取信息

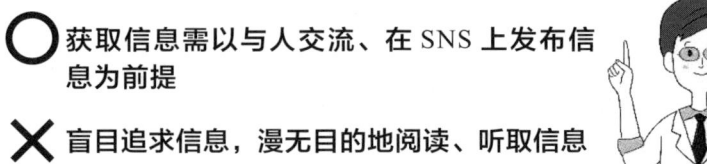

4 | 跟着能剧和落语学习输出的精髓

一谈到"以输出为目的的输入",我便想到了传统艺术的学习。

在小剧场听落语(译者注:日本的一种表演形式,类似中国的单口相声)时,人们经常一边感叹"太棒了""太有趣了",一边沉浸在小故事带来的欢乐中。这是一种完全被动的状态。

一场演出结束后,如果突然有人指名道姓地要求,"请把刚才听到的故事完整地表演出来",观众将作何反应呢?

我想,观众的回答肯定是:"开什么玩笑!"

但是,据说在落语行当,师父向弟子传授技艺时,也就表演一两次而已。

现在既有CD、DVD,又有网络,弟子们在自己家就能反复观看师父的表演。然而,以前根本没有这些工具,所以落语学习者也只能靠大脑来记忆这些故事。

如果在观看一次或两次之后,仍不能将故事记住并表演出来,那么他就失去了做落语家的资格。可想而知,他们在学艺时,必须保持注意力的高度集中。

我也曾听到能剧的老师提到过类似的经历。

在那位老师学艺的年代,根本没有文本,所以只能将师父表演的剧情原原本本地铭记在脑海中。

并且不是记忆一两则,而是数十则之多。

仔细想来，很多传统艺术都是以这种方式传承的，所以我认为，必有其合理之处。

与其终年不紧不慢地输入，倒不如集中精力一两次记忆下来，然后在不断重复的输出练习中日益精进。

人们从长年累月的经验中获得了这样一个共识，也由此找到了最佳的学艺方法。

说起来，我也曾见证过他人奇迹般地发挥记忆力的时刻。那是刚进入中学学习的时候。当时，音乐老师在第一堂

课上滔滔不绝地讲解了一番音乐理论，然后如是说道：

"接下来，同学们自己做老师，把刚才听到的内容再复述一遍吧。"

我还记得刚听到的一瞬间，全身都僵硬了。

虽然听得很认真，但是让我再原原本本复述一遍，我是万万没有这种自信的。而且，当时老师的表情就像狮子般凶恶（其实是一位非常温柔的老师，但我的第一印象确是如此）。

在这种情况下，被点名的那位男学生，却表现得异常出色。他竟然将老师讲解的内容有条不紊地复述了一遍。

不仅是我和周围的学生，就连老师都对此吃惊不已。受到这件事的刺激，我在后续的课程中变得越发认真起来。

人原本就具有将输入的信息输出的能力。能不能发挥出这一能力，不是取决于才能与灵感，而是取决于"认真与否"。我们应该让自己更"紧张"一点，在输入的过程中，时刻保持输出意识。

○ 集中注意力观察，争取过耳不忘，能够进行完整复述

✕ 听他人讲解时精神涣散、懒散

第 1 章 输入需以输出为导向

5 边吐槽边输入

人们常说,"读书百遍,其义自见"。虽然事实确实如此,但我还是稍有一些不同的意见。

被动读书的行为,说得严重一些,就是没有主动调动自己的思维,也就是并没有真正理解作品。

建议大家发挥能动性,用三种颜色的记号笔在书中画线,一边与书对话,一边阅读。

例如,可以一边读小说一边吐槽"都这么大人了,怎么能为这么一点小事闷闷不乐";也可以表达自己的赞叹之情,比如"前面出现的人物,竟然这里又出现了!原来如此!伏

笔埋得太厉害了"。

另外，在阅读商业类书籍时，也可以在脑海中画一个问号，"啊？！这种方法真的可以解决问题吗？太新潮了吧"。

通过和书籍对话，可以让读书本身变得更有趣。

接下来，就需要更加深入了。要尝试在阅读的时候，加入输出意识，比如："这里怎样才能为我所用呢？"

"听到这样的话，大家都会更有干劲吧。这个倒是适合用在公司后辈身上。"

"这种沟通方法真的太聪明了。应该可以用在向公司汇报策划案的时候。"

"这种表达应该可以让大家立即明确行动方向。"

如上所述，在阅读的时候保持当事人的意识，就能彻底理解作者的独到之处。换句话说，就是要真正站在作者的角度思考。

我每次在阅读太宰治的作品时，总是这样感叹：
"太妙了，这种表达方式！"
"我是肯定写不出来的。"

这是因为我在阅读的过程中，时刻保持着输出意识。以输出为前提进行阅读，就能体会到创作者的良苦用心。

即便"自己写不出来"，也能提升自己的创作水平。

○ 在读书时，想象自己在应用书中的内容
✕ 被动读书，徒留感叹

6 用输出释放压力

输出对于精神健康也大有益处,因为输出可以释放压力。

当我们因为看到乏味的电影或书籍而大失所望时,就会产生压力。反过来说,接触"优秀的事物",也会让我们产生某种压力。

出色的绘画和电影作品,杰出的著作和精彩的比赛常常带有紧张气氛,也会给观看的人带来紧张感。

所以,如果在接触到"非常差的作品"或者"非常棒的作品"之后不能一吐为快,人们就会变得焦躁不安,久久不能平静。

而消除这种焦躁、紧张状态的最佳办法,就是表达。

在体育酒吧或者小酒馆里,一边喝啤酒一边和大家观看比赛,是一种极为合理的观赛方法。

在这种场合下,大家可以针对每一场比赛发表自己的想法。

"喂,快呀,快呀!太棒了!"

"啊,到底在搞什么!真是的!"

"真厉害!果然有天分!"

用语言表述出心中所想,就可以释放压力和紧张感,也能快速地平静下来。

当自己支持的运动员或者队伍获胜的时候,大家互相分享喜悦，也是一件乐事。

反过来，当看到无聊的比赛时，因为有其他人在场，所以也能把无处释放的情绪抒发出来。

"真是的，打得这么窝囊，太丢人了。"

"怎么会这样？太离谱了吧。"

压力就在这些牢骚中得以释放。

如此想来，输出应该算是情绪管理的一种有效方法了。

阅读精神医学专家的书籍就会明白，很多患有精神病的人，都处于一种没有倾诉对象的困境中。所以，在心理咨询师面前，许多患者滔滔不绝地倾吐着自己的心事，在表达的过程中，精神状态也逐渐稳定下来。

无法吐露心声、没有倾诉对象，这对于所有人来说都是一种莫大的压力。

当然，读书是需要独自完成的事情，大家也不可能永远和朋友一起观看比赛。

我也经常在半夜用电视机收看足球比赛转播，虽然身旁有家人，却无法与他们谈论足球的话题。

这时，我就会在网络实时讨论区浏览大家的评论。这样就仿佛在和发表评论的人交谈，也能释放自己的压力。

很多时候，网络评论区中的言论比电视解说员的讲解更能让我产生共鸣。这是因为，很多电视解说员都是退役的足球运动员，所以他们要顾及现役运动员的感受，而普通观众的感想则更为客观。

即便身边没有倾诉对象，也可以在评论区发表评论，或者在 Twitter 上实时发表自己的想法。这样就可以一边输入，一边输出，不断释放压力，不失为一种愉悦身心的绝妙方法。

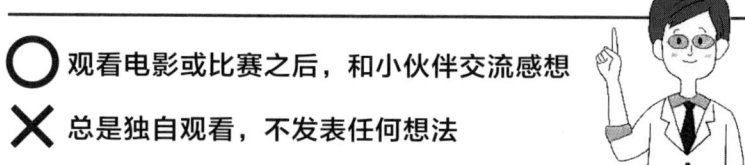

〇 观看电影或比赛之后，和小伙伴交流感想
✕ 总是独自观看，不发表任何想法

7 | 勇气比质量更重要，我们需要大胆表达

优等生大都擅长总结。他们善于整合各种信息，并且能够用一种简单易懂的方式表达出来。

然而，当他们被问到"你的意见是什么、你的想法是什么"时，也经常哑口无言。

对输出而言，整合信息并进行表述的能力非常重要。但是，比整合更重要的是创造性输出，也就是"想法"。

未来社会更需要每个人独特的想法，或者说创造性的想法。

如此说来，在职场会议中，当被问到"谁有好建议"的时候，沉默不言往往意味着这个人没有具备输出这项重要技能。

想法没有对错之分。谁也不知道什么样的想法能够带来成功。最重要的是，不纠结于是否可行，只是大胆地表达自己的想法。

输出需要"知"（知识量及判断力）、"仁"（善意及诚意）、"勇"（勇气）三大要素。其中最重要的是"勇"。勇气比知识更重要。

有时候我会让四个学生组成一组，要求他们针对某个问题，不断给出解决方法。一个人发言之后，下一个人发言，

然后再下一个人……如此循环往复，而且不允许跳过。我告诉他们，可以畅所欲言，不必考虑是否有价值。

几轮之后，果然出现了很多看似没有价值的想法。但大家仍然在不断地表达，没有胆怯，而是毫无顾忌地说着自己无聊的想法。

其中也出现了很独特又有建设性的意见。这时，学生们不约而同地发出赞叹声并一起鼓掌，如此场面着实令人动容。

如果过分在意输出的质量，就会丧失说出口的勇气。尤其是日本人，总抱有一种"不想丢脸"的心理，最终经常会选择沉默，以求稳妥。

然而，可以说，这种沉默是主动放弃了自己的成长机会。实在是非常可惜。

将拙劣与否、有价值与否抛至脑后，大胆说出口、大胆采取行动的勇气才是通往成熟的捷径。

《徒然草》的作者兼好法师也曾以学习能剧的人为例写道："待到炉火纯青之时再示于人前并非学艺之道。即便拙劣，也要不断展示，丢脸也无妨。如此方能更进一步。"

不输出就无法进行测试，既不能了解自己真正的实力，也不知道是否还有改善的空间。所以，第一步就是鼓起勇气，大胆表达。

另外，当周围的人大胆地表现自己时，不管其质量如何，都要赞赏他的勇气。甚至可以说，明知自己不擅长却勇敢表现的人，才是最了不起的人。

拥有天籁之声的人在众人面前表演并不需要勇气，而五音不全的人在人前表演才需要勇气。

"在输出中，勇气比质量更重要"。如果所有日本人都能拥有输出的勇气，那么全日本的认知水平就能迅速提升。

 丢脸不可怕，把输出本身作为目的
 害怕丢脸，不敢表达

8 享受输出最纯粹的乐趣

我曾反复强调，输出行为本身就是一种"纯粹的乐趣"。

输出的魅力不在于技巧，而是其本身就能给人带来活力。经常表达自我的人，总是给人一种充满活力的感觉。

相反，有些人尽管总是勤勤恳恳地学习和工作，却总是给人一种死气沉沉的感觉。

学生时代时，我也曾遇到过"图书馆常驻居民"。这些人沉迷于读书，但是他们输入的知识越多，姿态却反而越发呆滞了。

某次，我和伙伴们举行了一场读书会，也邀请了这样一位同学参加。读书会围绕德国哲学家海德格尔的原著展开。

要求大家发言时，这位同学仿佛一下子打开了开关，口若悬河地讲个不停。

好像是要把之前输入的知识一股脑儿全部讲述出来一般。

他涨红了脸，声音洪亮，斗志昂扬。我们这些参加读书会的人都不由得被他的状态所感染。

他看起来那么陶醉，甚至让人不禁感叹：

"平常总是板着脸的一个人，讲话的时候竟然这样有活力！"

人是一种能够通过表达获得幸福感的生物。

"不知道从哪里说起。"

"我真的有什么要说的吗?"

事实上,这些顾虑没有任何意义。

先把困难放在一边,在表达的过程中,思路也会逐渐清晰起来,让人感觉"神清气爽"。先从体验这种愉悦感开始吧。

可以选择把朋友或者家人当作自己练习的对象,每天进行大量的输出练习。

就算毫无逻辑,也无伤大雅。因为他们是朋友,是家人,不管我们如何颠三倒四,都只会迎来温柔的目光。

如果没有谈话的对象,也可以在泡澡的时候,泡在浴缸中自己练习。

每天坚持练习,一定能提升输出技巧。在某一刻,你会惊喜地发现,原来自己的输出力早已悄悄地提升了。

输入→输出,让人神清气爽

一味输入,却从不表达

第 2 章

实用输出技巧

9 跟着井上阳水学习输出的奥秘

在本章中,将为大家介绍输出的基本技巧。

首先需要大家对"序言"中提到的"输入1:输出9"这一平衡关系,即输出优先主义有一个明确的认识。

在进行这一部分的说明时,我首先想到的是歌手井上阳水先生的故事。

井上阳水先生的作品中,有一首名叫《我不懂》的歌曲。这首歌曲对宫泽贤治的名篇——《不畏风雨》作出了回应,可以算作现代人所作的续篇。

作家泽木耕太郎先生在阳水先生的 LINE DANCE(新潮文库)歌词集后记中提到了这首歌的创作历程。

有一天,泽木先生突然接到了阳水先生的电话,并被问道:"《不畏风雨》是一首什么样的诗?"

泽木先生在书店找到了诗集,立即回电话把诗的内容读给阳水先生听。然而,阳水先生好像也只是在默默地听而已。虽然隔着电话,他也能察觉到,阳水先生并没有做任何记录。

泽木先生有些疑虑,便询问道:"不记下来吗?"阳水先生只答了一句:"不用了。"

泽木先生又提出把自己刚动笔的诗歌发送过去,但阳水先生却回答说:"来不及了,不用了。"

实际上，这时候阳水先生已经开始录音了，除了当场创作别无他法。

因为当时还没有网络，更没办法利用网络找资料，所以阳水先生才选择了给最了解宫泽贤治的朋友——泽木先生打电话求助。

听到泽木先生亲口读给自己的诗歌，阳水先生从中得到灵感，写下了《我不懂》这首歌的歌词。这可能是只有井上阳水先生这样的天才才具备的能力。但是，这对于我来说，却是最理想的输出形式。

没有经过精心准备，只在有限的时间内输入，然后马上进行输出。而且，输出的信息量远大于输入的信息量。

当然，也有相反的案例。有些人孜孜不倦地输入，输出量虽然不多，但出口则必是精品。

众所周知，作家司马辽太郎先生在创作作品时，总是要收集大量的资料。甚至还流传着一个趣闻，当司马先生想要创作某个题材的作品时，相关书籍就会悄然从旧书店街销声匿迹。

但是，无论是从时间角度，还是从经济角度来看，一般人都很难模仿司马先生。既然这样，那么大家最好还是向阳水先生学习，利用较少的输入，进行优质的输出。

然而，我们总是一不小心就陷入了输入过多的状态。所以，我们需要有意识地在输入少量知识之后，立即进行知识的输出，实现在二者之间的自由切换。

◯ 少量输入之后立即进行输出

✗ 大量输入，少量输出

10 | 将"输入1：输出9"付诸实践

谈到输入和输出的比例，我想大部分日本人应该都在9∶1的程度。

有些人甚至只进行输入，完全没有任何形式的输出。如果输入所占比重过大，就很难提高前文中提到的"知识周转能力"。

要想提高"知识周转能力"，就必须果断将比例调整至"输入1：输出9"。

有一个非常好的练习方法。在读书的过程中，每阅读5—10页，就尝试针对其中的内容进行叙述。

如此频繁的输出练习，可以帮助我们逐渐转换为输出型性格。

这种练习的最佳材料当属"经典古文"。

例如，记录了中国儒教始祖孔子及其弟子问答语录的经典名著——《论语》。虽然《论语》等经典古文总给人一种晦涩难懂的感觉，其实并不然。请大家放心。

《论语》原本就是短文合集，也是一本很好的自我启发类书籍。拿在手上，随手翻开一页，都一定能找到让自己叹服的句子。

比如，如果被"不患人之不己知，患不知人也"一句所折服，就可以围绕这一句，整理好自己的所思所想，然后讲给周围的人听，或是发布在 SNS 上。

"之前公司的人对我评价非常低，当时自己也只知道批判别人。但是现在回头想想，我好像只考虑了自己，完全没顾及周围的人。"

"这位演员之前也没有什么热度。但是他并没有消沉，就算是演小角色也全力以赴。我到现在还记得看到他在××作品中表演时的那种热情，很让我感动。所以他现在的成功也是理所当然的，而且我相信他还会取得更大的成功。"

如上所述，孔子的寥寥数语，就能让人们生发无限感慨。这不是"闻一以知十"，而是"闻一以言十"（"闻一以知十"同样出自《论语》）。

我平常也经常让学生们用《论语》中的名言来进行说话练习。

其中效果最好的是"己所不欲，勿施于人"（自己不希望被别人如何对待，就不要如何待人）。大部分学生都能围绕着这句话侃侃而谈。

孔子曾说过，"诵《诗》三百，授之以政，不达；使于四方，不能专对；虽多，亦奚以为？"

选取孔子的部分言论阅读，随即进行输出练习，这种行为本身就是一种非常典型的实践，也合乎孔子的教诲。

并且，最终要达到的目的应该是将"己所不欲，勿施于人"的思想贯彻到日常生活中去。

　　语言输出不是终点，只有付诸实践，才能产生真正的价值，这也与输出优先主义的精神不谋而合。

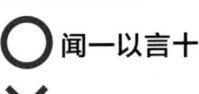

○ 闻一以言十
✗ 闻十不言一

第2章　实用输出技巧

11 "不经意地"引用名著《麦克白》

不只是《论语》,被世人奉为经典的名著都是输出的素材宝库。

谈到小说,就不得不提俄罗斯大文豪陀思妥耶夫斯基的《罪与罚》《卡拉马佐夫兄弟》等世界名著了。这些作品,每一页都充满了触动"心灵接收天线"的表达,每一页都让人忍不住画线标注。

但是,《罪与罚》和《卡拉马佐夫兄弟》都是长篇小说,如果感觉长篇小说过于枯燥,那么不妨选择"剧圣"莎士比亚的戏剧——《麦克白》。

莎士比亚留下了《哈姆雷特》《奥赛罗》《李尔王》《麦克白》四大悲剧,其中的《麦克白》有仅160页左右的文库本,通读全篇只需要不到一天的时间。

《麦克白》是莎士比亚诸多戏剧中完成度较高的作品之一,有很多句子可供大家引用。

而且,因为它是世界公认的名著,为世界人民所熟知,所以非常适于引用。可以说,它是"世界人民的文化护照"。

之前,我曾经在一次活动中要求小学六年级的学生阅读

《麦克白》。

在小学阶段就开始读莎士比亚的人，这辈子都能保持很高的文化水平，这并非言过其实。大家都顺利地读完了整本书，并且都表示"读得非常开心"。

对于经典名著的引用，类似于一种游戏。其实就是根据不同的场景，选择最合适的"表达"和"例子"。

如果恰巧谈话的对象知道出处，很快便能了解其中的深意，对话也将充满知性的魅力。可能双方的话题就会顺利过渡到"莎士比亚"的身上了。

例如，当对方提起总是煽动丈夫的恶毒女人时，可以及

时附和一句:

"这样的话,她不就成麦克白夫人了吗?"

但是不能以一种"得意扬扬"的姿态说出口,否则便有炫耀学识之嫌,礼貌的做法是保持自然的语气,仿佛是学识在不经意间流露出来一般。

"这样的话,她不就成麦克白夫人了吗?"
"啊?谁?"
"哎呀,不好意思。就是莎士比亚的一部叫作《麦克白》的作品中出现的麦克白夫人,是恶毒女人的代表。不用在意,继续说下去。"

总之不要忘记一个原则,显露自己的学识时,一定要不动声色(笑)。

 将经典名著中的句子或例子自然地加入闲谈中
 得意扬扬地炫耀自己的学识

12 | 追赶潮流，无须犹豫

当然，除了经典名著以外，输出的素材俯拾皆是。

对于时下流行的图书、电影、音乐，需要在其流行之际果断输入自己的脑海，以备输出之用。

电影《冰雪奇缘》大受追捧的时候，我虽然并没有多大兴趣，但还是马上迈进了电影院。

我记得，《新哥斯拉》大热的时候，《你的名字》成为热议话题的时候，我都曾去电影院观看。

流行的东西，必有其流行的理由。亲自验证一下，稳赚不赔。

而且，流行的事物总能成为人们的谈资。很多人都对这些作品抱有自己的意见和想法，大家也会互相交流。

换句话说，就是"时机"刚好。

这时候，如果在评论区或者 SNS 上发表自己的感想，很容易就能得到其他人的回应。

原本也是因为大家互相讨论，才会让更多的人产生一种想法，"既然大家都觉得好，那我也要看"，进而产生更多的追随者，热度也就越来越高。

在大街上看到有人排队的餐厅，就会不自觉地想要排队尝试的从众心理也是同样的道理。

无论是在职场、生意场，还是在和朋友的对话中，时下流行的作品都是绝佳的话题。

"那部电影我看了，很有意思。"
"没错，最后一幕太有冲击力了！"
"啊，真是吓死了。"
原本不温不火的对话，一下子就能热闹起来。

然而，十年前流行的电影，并不能当作输出的素材。
"我上周看了迈克尔·杰克逊的 This is it，真的特别棒。"
"（现在，看这个？）……啊，哦，这样啊……肯定很有趣……"
对方也不知道该如何回应。

我也有过类似的经历。斯皮尔伯格导演的电影 E.T. 大热时我错过了走进电影院观看的机会，十年之后才终于认真欣赏了一番。

确实是佳作，奈何没有交流的对象。好不容易想发表一番言论，却最终落得个消化不良的结局。

但如果是当下流行的电影，即便对方还没有观看，恐怕最后也会应和一句："我也好想看啊！"

积极谈论时下最流行的事物，往往能够迅速引起他人的共鸣。

比如，如果日本国家足球队的比赛结束之后，立即在新闻网站的评论区发表感想，有时候可能会收到数以万计的点赞。

这就如同站在人满为患的东京巨蛋内，接受众人的赞赏一般。仿佛大家正纷纷称赞道，"说得好""精辟"……可以说，这是一种极其愉悦的体验。

众人对自己的认同和赞赏将成为下次输出的推动力，进而引发良性循环。

所以，对于流行的事物，最好的处理方式就是立即"输入→输出"。

 尝试接触流行事物

 无视流行事物，逆潮流而动

第 2 章　实用输出技巧

13 强行创造输出机会

我给大学生们提出的要求之一是"每周一上午前提交一篇随笔"。

所谓随笔,就是自由书写自己的意见或感想,进行自我表达的文章。

为了提交每周一篇的随笔,就必然需要搜集一些素材作为话题。比如,围绕"有趣的书""朋友的一句话"就可以写一篇随笔。

但是,如果每次都以书为话题,难免令人感觉乏味,而且朋友也不一定每次都能恰好提到有趣的事情。

这时,为了寻找素材,就不得不采取"行动"。这才是重点所在。

我还追加了一个要求:需要在随笔中附上一张自己拍摄的照片。

由此,学生们必然要考虑,怎样才能拍到好照片呢?什么样的东西才值得拍呢?……

例如,他们可能会为此在周日的时候踏入许久未进的美术馆,只为欣赏"凡·高展"。然后以自己的方式将品鉴画作之后的感想总结成随笔,并在课堂上发表。

但是有时候可能走遍美术馆也没有灵感。这时就只能重新巡视一番，以求找到些许话题。

在这种情况下，他们就有可能注意到被大家忽略的那些不起眼的作品，之后围绕这幅画，凭借自己的想象编造出对白，在课堂上发表一些新奇的言论，就像为大家表演了一场余兴节目。

总而言之，最重要的是想尽一切办法总结出自己的输出内容。如此一来，其他同学在读罢文章之后可能深受感动，并产生亲自去看画展的想法，最终购买门票，也踏进了美术馆的大门。

然后第二周，这些同学又从其他的角度陈述自己对作品的感想，给大家带来新的触动。如此循环往复，输出的范围也越来越大。

每周一次的输出机会让大家开始意识到，"必须充实地度过每一周""那些有趣的际遇是多么难能可贵"。

只要用心就会发现，生活中总有一些事情值得我们讲给别人听。但是为了让自己更加用心，也必须先制造输出的机会。

 为输出而行动
 即便身处繁华街道，也拒绝接受任何信息

14 | 爽快接受别人的"无理要求"

当公司的同事或者学校的朋友提出无理要求时，不要推脱，做好思想准备，果断地接受挑战吧！横下心来，告诉对方："好的，我知道了。我从来没试过，但这次让我试试吧。"

我之前担任过富士电视台综艺节目《全力！脱力新闻》的常驻嘉宾，曾接受过各种各样的"无理要求。"

"请模仿安东尼奥猪木的语气来说明。"

"接下来请用鲁邦三世的语气。"

"第三次请自由选择一个模仿的对象。"

即便是专业的艺人，面对这样的要求应该也会望而却步。当然，我这个门外汉也不可能模仿得多么惟妙惟肖。然而，我还是爽快地接受了这些要求。

网球选手大坂直美在澳大利亚网球公开赛上获胜之后，我去参加 TBS《新·情报 7 Days News Caster》的录制时，节目组提出要求："斋藤老师，请带上网球服。"

我想肯定是和网球有关的节目，于是不仅带了网球服，还一并带上了球拍。

在正式录制之前，负责主持的播音员安住绅一郎看到我拿着网球拍，提议道："斋藤老师，机会难得，不如就由您来开球怎么样？"

播音员安住在明大读书时曾是我的学生,所以很了解我在网球方面的经历。但是,坦白说,我当时脑子里只有一个念头:明明有大坂在,为什么要让我这个门外汉发球呢?

"是这样的,老师,现在大家肯定都摩拳擦掌,想要拿起网球拍。我是想让您代表全国观众来挥拍。"

听到这番话,我也再没有任何理由拒绝了。

后来听说,我开球的一瞬间,节目收视率竟然达到了19%,是近年来的最高数值。

面对他人的无理要求,与其思前想后,倒不如果断接受。即便丢脸也无妨。

我经常跟学生开玩笑说:"我都在国家级电视节目上丢过脸了,还怕在教室里丢脸吗?"

《徒然草》中也有类似的表达:"字写得不好,也不能就此放弃亲自书写信件。熟才能生巧。"(现代译文)

害怕丢脸,就不会有进步。无须瞻前顾后,鼓起勇气,抓住表现机会才是重中之重。

○ 即便是无理要求也不要拒绝,而是果断接受
✕ 稍感为难,立即拒绝

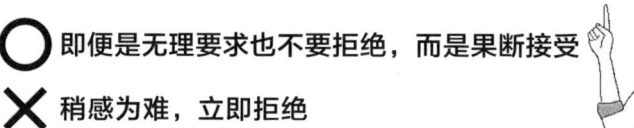

15 不断"实践"某种方法

现实生活中,在很多时候,"懂得越多,反而越不做好""了解的信息越少,反而越容易付诸实践"。

知识积累得越多,似乎就越容易忘记知识其实是为实践服务的。

比如,很多人虽然精通各种减肥方法,却从来不实践。

"我知道控糖减肥法,但我没试过。"

"长跑减肥法很流行,但我没试过。"

如果没有亲身实践,那么永远只能停留在"知道"的层面。

相反,也有很多人,他们虽然知识量不多,但却在坚持不懈地实践。

和黑柳彻子女士交谈时,她曾说过自己每天坚持深蹲。

据说她是听了之前名噪一时的已故职业摔跤选手巨人马场的建议。

"一旦决定每天深蹲100次,就一定要做够100次。如果有一天只做了99次,第二天就肯定完不成100次了。"

马场先生曾这样告诉她,于是她给自己规定了目标,并且每天坚持完成。而且,我们不得不承认,黑柳女士的精神状态一直保持得非常好。

如果能够坚持一些看似"微不足道"的小事,那么无

论在健康上,还是在学习上,抑或是在工作上,都能有所成就。

之前,瑜伽老师也曾给过我类似的建议。

我刚开始接触瑜伽是在 40 年前。当时的日本,了解瑜伽的人寥寥无几。

瑜伽的体势有 100 个左右。光是记住这些体势就要花费一番心思,然而,瑜伽班的老师却只是强调,"瑜伽的基础是呼吸"。

她告诉我们,与其专注于体势,不如将瑜伽的基础,也就是"完全呼吸法"贯彻到极致。重复的基础训练,让我掌握了如何进行缓慢而深长的呼吸。

真正有价值的方法,只知其一便可终身受益。

每天坚持,数十年如一日的坚持才能看到成效。

 即便只了解一种方法,也要日复一日地坚持

 了解各种方法,但从不实践

16 自掏腰包，自己投资

要想进行有效的输出，还需要"自掏腰包"。

我通过电视机收看了 2017 年的格莱美颁奖典礼，认识了一位名叫 Adele（阿黛尔）的英国女歌手。

然后我开始好奇她究竟唱过什么歌，于是马上在 YouTube 上试听了一首名为 *Hello* 的歌曲。听完深受感动，又购买了 CD，开始无限单曲循环。

还有一次，我在电视广告上听到了一位名叫 Sia（希雅）的歌手演唱的 *Chandelier*（水晶灯）。当时就被深深吸引，立即购买了两张专辑。结果，全曲比我想象的更加摄人心魄，我完全沦为希雅的歌迷。

像这样，在一些机缘巧合下听到自己心动的歌曲时，我会毫不犹豫地购买 CD。

重点不在于我们购买的是 CD，还是会员专享音乐服务，而是自掏腰包享受音乐的感觉。

最近还出现了 Spotify（声田）等免费向用户提供音乐服务，并通过广告收入向艺人支付版税的音乐服务平台，但我还是更倾向于选择自掏腰包购买会员后才能收听的服务平台。

不论如何，曲目在发售之前，耗费了很多人的心血和各种各样的成本。所以在享受音乐时，至少应该选择一种能将酬劳支付给创作者的方式，由此，制作方以及为制作方提供支持的人才能获得相应的报酬。

我们应该向文化创造者表达敬意，为此买单。这是我们在支持文化事业的过程中应有的贡献（或者说义务）。

"如果能免费听就最好了。"

"只有我一个人不花钱，应该也没什么问题吧？"

这种想法，最终将成为破坏文化的利器。待到迟迟不见艺术家诞生之时再追悔莫及也于事无补。

总是想着免费获取信息的人，他们在进行信息输入时，也不过是敷衍了事罢了。自掏腰包获取的信息，人们才能"认真听"，甚至"至少听10次"。

我曾有过听一首歌曲100次以上的经历，认为只有这样才能"收回成本"，进而获得满足感，也因此能将歌曲的魅力说得头头是道。

书籍和电影也是同理。人们总是能更加认真地对待自掏

第 2 章　实用输出技巧

腰包得来的信息。而唯有认真，才能收获更多的感动。

过去，很多大学生都不惜削减自己的生活费，只为买一本西田几多郎的哲学著作——《善的研究》。想来，付出一定代价换来的书，定能让人爱不释手。

当时，有学识的大学生总能令人刮目相看，因此大家都争先恐后地汲取知识。

就书籍而言，只有自掏腰包买来的书，才能毫无顾忌地涂写标记。这是和图书馆借阅书籍之间最大的差异。

画线标注，全身心地投入，这本书才能真正为自己所有。

读完之后，还要积极进行输出练习。这本身就是成果之一，只要有输出，投入就有意义。

否则将陷入一种恶性循环，即"没有输出需求，因而认为书籍价格过高→不买书→通过网络获取免费信息→输入质量下降→对输出的需求越来越低"。

如今，区区数百日元就可以买到经典名著。诸君认为如何？对稍加投资就能获取的信息视而不见，才是一种损失吧。

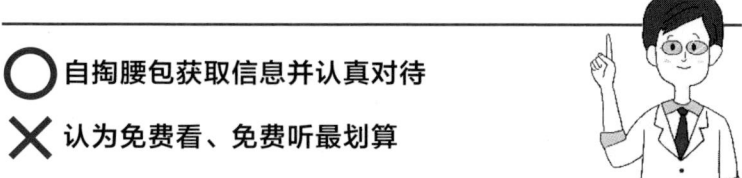

○ 自掏腰包获取信息并认真对待

✕ 认为免费看、免费听最划算

17 怀有"分享"的热情

大家经常把输出和有意义的评论画等号。

如果发表的评论见解独到，那当然是再好不过的，但为此而付出努力也同等重要（关于言语输出，将在第3章进行详细介绍）。

不过，我还是希望大家首先拥有"热情"，也就是和他人分享有趣事物的热情。这种热情是输出的巨大原动力。

即便对方不了解自己，但只要对方能够接受自己喜欢的东西，或者能够理解触动自己的事情，我们就会产生满足感。

站在受众的立场上来看，我们也更愿意听别人讲述让他疯狂热爱的事情，而不是听别人读自己的私人日记。

实际上，勉强称得上畅销书的拙作——《大声读日语》（草思社）也是来源于本人"希望将自己的爱好分享给大家"的热情。

从童年时起，我就背诵了大量的名作。我沉迷于日语美妙的韵律，也总是孜孜不倦地想把这份美好分享给其他人。

比如，有一个叫作《寿限无》的落语名段。它的有趣之处在于，一对父母给孩子取了一个非常长的名字，唤作"寿限无寿限无……"。

小学时的我被《寿限无》深深吸引，甚至将其背诵下来，独自欣赏其有趣之处。后来不满足于自娱自乐，于是开始在朋友面前表演。

接下来，《寿限无》在班级内部风靡一时，班里的同学也都开始随口吟诵着"寿限无寿限无……"。

基于这种经历，我毫不犹豫地将《寿限无》收录进了《大声读日语》系列中。

我写这本书还有一个非常大的动机，就是发现日本很多成年人从没听说过《寿限无》。我的目的和小学时代相同，仍然是"想让别人了解它的有趣之处"。

后来，我担任了 NHK 教育频道儿童教育节目《寓教于乐日本语》的综合指导，并在其中介绍了《寿限无》，引起了很大的反响。

在当时收看电视节目的观众，乃至更小的孩子中，吟诵《寿限无》的人数明显增多。

让更多人了解自己心爱之物的魅力，这本身就是优质的输出。

比如，在拉面界有很多知名博主。他们并不是自己制作拉面，而是介绍自己喜欢的拉面，并借此获得了众多拉面爱好者的关注，大受追捧。

其实，大家都对"我喜欢的事物"相关话题十分感兴趣。

要想发布自己喜爱的事物，首先是要发现自己的兴趣所在。

很多时候，我们根本意识不到自己到底喜欢什么，所以需要认真回顾。

发现自己的兴趣所在之后,再围绕这些事物多方调查,将自己所收集到的信息悉数输出。

表述越深入,反响也越大。

在分享自己心爱之物的过程中,只要怀有足够的热情,并付出足够的努力,就一定能收获掌声。

 热情地分享自己喜爱的事物

 传递信息时,总是含糊其词

第 2 章 实用输出技巧

18 | 用精选（选择）制造原创感

在介绍自己喜欢的事物前，必须进行精选（选择）。直截了当地说，类似于"斋藤孝精选""斋藤孝喜爱的××BEST 10"的介绍方式更加高效。

你听说过介绍西乡隆盛的《西乡南洲遗训》（岩波文库）吗？

这本岩波文库图书从儒学学者佐藤一斋编著的《言志四录》一书中，辑录了西乡亲自书写的101条名言。

也就是说，《西乡南洲遗训》中的《手抄言志录》并不是西乡本人的言论，而是"西乡隆盛精选语录"。然而，后世读者仍然对隆盛精选语录中的名言倍加推崇，该书也经久不衰。

如上所述，在某些情况下，精选这一输出形式可能会超越原创性输出。

在出版界还存在一种出版方式：将文学家或者诗人的名言、名作汇总成册（选集）后出版。

这种名作汇编可以视为汇编者的原创思维。收录哪个作品，又舍弃哪些作品，这一甄选过程充分体现了汇编者的个人品味。

想必很多人都认为，自己也完全可以甄选名言并进行发表。其实，作家去世70年后，著作权就会变成公有的。届时可以自由摘录，且只要遵守一定规则，就可以自行引用。

例如，可以尝试在博客上发表一篇名为《我最喜爱的夏目漱石作品经典语录 BEST 10》的文章。但是为了挑选出 10 句最经典的语录，必须确保足够的阅读量。

以输出作为前提，抱着"寻找经典语录"的目的进行阅读，或在打动自己的表达下方画线标记，或做笔记，会让自己的阅读变得更细致。

认真的阅读可能会让大家猛然发现作品的精妙之处。

另外，还可以约上三五好友一起读书，时常探讨心得，"不把这句加进去吗""这句真是无可挑剔"，如此也能平添一份乐趣。

或者还可以在多年之后，就同一主题撰写文章，比较自己前后观点的差异，也不失为一大乐事。

在SNS上传自己品尝过的甜品时，采用BEST 10的形式介绍，更能给人以原创感。

既然甄选出了BEST 10，那么至少应该品尝过30—40种。"亲自品尝过100种甜品后精选出的BEST 10"更具说服力，排行的价值也将大大提升。

由此就会产生继续进行大量输入的需求。另一方面，很多人在看过文章之后可能会产生"亲自品尝一下"的想法，所以发布者一定要为自己的言论负责。

选择BEST 10的形式意味着同时对输入和输出充满热情。所以，精选（选择）本身就是一种了不起的行为。

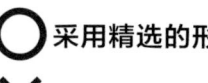 采用精选的形式，提高话题性
 单纯地描述自己喜爱的事物

19 用精挑细选的"BEST 3"进行自我表达

如果感觉"BEST 10"对自己有难度，那么不妨先选出"BEST 3"。

例如，"最喜爱的漫画 BEST 3""最喜欢的演员 BEST 3""最喜欢的艺术家 BEST 3"等，选择自己喜欢的题材，甄选出 BEST 3 并公之于众。

单纯告诉大家"要多多进行输出练习"，很多人也不知该从何下手。但是如果要求大家"说出你的 BEST 3"，大部分人就能够采取具体的行动，积极动脑筋、想办法。

只需选 1 个进行叙述时，大家可以不经思考，脱口而出；相反，如果要选出 10 个，对大家来说也算是一个沉重的负担。

而 BSET 3 既不会造成负担，也会让人们产生不妨一试的想法。

挑选 BEST 3 时，我们会先利用过去的记忆，列出一张清单，然后再粗略地进行确认。全部确认完成后，再从候补选项中继续挑选。

多次重复这一过程，便可以让大家养成"精选→输出"的思维模式。

例如，当被问到"今天中午吃什么"时，不会再回答"随便"，而是为对方提供多个选项，"吃××的意大利面，或者××的汉堡吧"。

"随便"代表一种停止思考的状态,这种状态并不适合进行表达。

然而,一旦形成选择并输出的思维模式,头脑就自然而然地被激活了。

另外,甄选BEST 3这一过程也能发挥自己的个性。例如,如果让人们列举出一位"史上最出色职业棒球选手",最常见的答案就是金田正一、王贞治、一郎。

然而,让人们说出"自己最喜爱的BEST 3"时,就会出现形形色色的答案,而这些答案也体现了回答者的个性。

选择金田正一的人,给人以看重成绩的印象,而选择新庄刚志的人则给人以看重人气的感觉。

尤其是其中的第三位,更能展现出人的个性。第一位和第二位多为世人公认的答案,而在选择第三位时,大家一般都会下意识地根据自己的喜好进行选择。

在选择第三位时,一部分人的选择标准可能变为"尽管不够大众化,但我就是喜欢他,我个人支持他"。

所以,通过自己发布的BEST 3,就能进行自我表达。

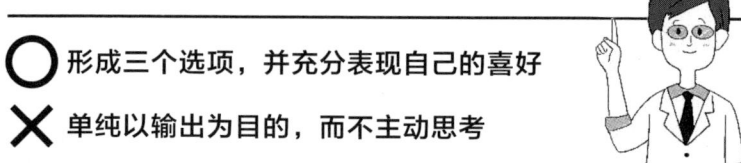

○ 形成三个选项,并充分表现自己的喜好
✕ 单纯以输出为目的,而不主动思考

20 发表小众化信息

正如前文所述，谈论时下流行的事物是输出的王道。

然而，王道属于大众路线，竞争十分激烈，盲目的追捧也往往令人感觉乏味。建议大家避开平坦的王道，选择荆棘丛生的小路。围绕小众化题材进行输出也是一个不错的选项。

我之前曾在鹿儿岛县举办过一场有关西乡隆盛的讲座。

当天，会场内除了要举行演讲比赛外，还要举行作文比赛的颁奖典礼。比赛的题目是"向萨摩的伟人学习"，吸引了很多当地孩子参赛。

在获奖的小学生作文中，最让我印象深刻的是一篇颂扬西乡隆盛的伯乐，即幕府末年明君之一——萨摩藩主岛津齐彬的文章。

那名小学生认为，西乡隆盛以及西乡的盟友兼对手大久保利通固然伟大，但真正让人佩服的是岛津齐彬。如果没有岛津齐彬，那么就不可能早早地引入西方文化，西乡隆盛也就没有机会崭露头角。

在我看来，这名小学生年纪虽小，观点却很犀利。

另外，还有以大久保利通为话题写作并得奖的中学生。如今西乡隆盛被世人奉为英雄，大久保利通却经常被视为恶人，作文从这一现实情况出发，以大久保的口吻讲述了自己的烦恼。

其中还插入了一则逸闻：大久保在去东京的路上遭敌对势力暗杀之时，手上还握着西乡的信。文章内容令人动容。

当然，岛津齐彬和大久保利通都是历史上举足轻重的人物，却经常被掩盖于西乡隆盛、坂本龙马的盛名之下。

以这些"识者固知的存在"为中心进行输出，也是一大乐趣。

小时候，每个班级大概都有这样一种孩子，他们对令其他孩子着迷的日本偶像嗤之以鼻，却独爱鲜为人知的西洋音乐家。

在大家看来，他们可能有些古怪，但将眼光放在与众人兴趣相去甚远的事物上，也是一种明智的选择。很多时候，那些脱离王道、稍显小众的领域可能比人们想象的更加深奥。

17世纪的荷兰画家约翰内斯·维米尔也曾是个名不见经传的小人物，突然某天就成了备受关注的名人，日本还为之举办了"维米尔展"，在历史上留下了浓墨重彩的一笔，可见其人气之盛。

活跃于大正末期到昭和初期的童谣诗人金子美玲也曾经默默无闻，是出版社让其作品魅力重现于世，至今仍然广为流传。

如上所述，如果能着眼于被大家遗忘的领域并孜孜不倦地努力，怀有坚定的信念，"要让世人了解这个人（领域）的魅力"，那么在进行输出时也将更加富有热情。

 尝试将目光转移到鲜有人关注的角度

 执着于热度高、竞争激烈的领域

第 3 章

言语输出的基本技巧

21 | 通过言语表达不断进行"自我实现"

本章将介绍如何提高"言语表达"的技巧。基本的输出当属"言语表达"。

四十年前初入东大学习时,我的感觉是"东大学生多巧言善辩者",因为大家总是能够针对自己了解的领域滔滔不绝地发表自己的看法。

而且,这种现象在优秀的人身上表现得愈加明显。有过多次体验之后,我确信"所谓聪明人,就是能够迅速且精准地进行自我表达的人"。

社会人也是一样,头脑清晰且效率较高的人能抓住各种发表看法、提供方案的机会。

知名人士也经常给世人留下一种有能之士语言组织能力强(头脑反应迅速)的印象。无论是苹果公司的开创者史蒂夫·乔布斯,还是京瓷的开创者稻盛和夫先生,拥有魄力的企业家大多能言善辩。言语表达的热情与人本身所具有的能量息息相关。

我认为,言语输出是自我实现的手段之一。人们习惯将自我实现与成功画上等号,但其实日常生活中也有很多自我实现的机会。

言语表达是人们运用已输入的知识的手段,而且能给人

以学以致用的充实感。这完全可以称作"自我实现"。只有从一点一滴的小事做起，不断进行自我实现，才能达成伟大的事业。

不管年龄如何，语言组织能力强、能够精准表达的人看起来总是充满朝气。

试想，假如面前有一位说起话来干脆利落的老者，当得知他已经九十岁高龄时，你必定会因为和自己的想象差距过大而大吃一惊。

坚持进行语言表达有助于维持喉部肌肉和头脑的功能，言语输出对充实人生至关重要。

 大胆表达

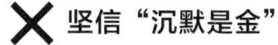 坚信"沉默是金"

22 | 闲谈不必有结果和结论

最日常的言语输出非"聊天"莫属。轻松的闲谈能够帮助人们消除隔阂,使大家的工作和个人生活更加顺利。

擅长聊天的人往往能让他人或如沐春风,或开怀大笑,或叹服不已。聊天也能减少纠纷。所以可以说,健谈的人拥有给周围人带来幸福的能力。

尤其是在全球化时代,一起工作的人可能有着不同的价值观、不同的背景。这时,通过闲谈,了解对方的价值观和底线,就能有效避免冲突。

那么，聊天的正确方法是什么呢？

聊天一般以"寒暄"为开端。这是基础中的基础，也是推动对话进一步发展的绝佳机会。根据具体情况，道一句"早上好""你好""辛苦了"或者"啊，谢谢"等，主动向对方示好。

在此基础上，再追加一个话题。

例如，如果再加上一句"今天应该很热""××线的电车好像晚点了"，对方就会回应，"不会下大暴雨吧""那今天就坐公交车好了"。

这种无关痛痒的对话，是最简单、基本的聊天模式。

通过对话，拉近与对方的心理距离，然后及时停止，这就是秘诀所在。

闲谈不必有结果和结论。

尤其是男士，总是倾向于从聊天内容中总结出某些教训，或概括出一些结论，一旦得出结论，谈话也就戛然而止。

然而所谓聊天，就是没有固定话题，也没有重点的对话。

虽然没有关键内容，也没有结论，但通过对话却能让人心境平和，让气氛更加融洽。谈话的内容也完全视情况而定，没有结果反而是最好的状态。

第 3 章　言语输出的基本技巧

○ 用自然的寒暄开启聊天

× 谈话必定要有结果或结论

23 | 扩展对方的话题，及时附和

最能推动谈话的回应方式（反应）当属"附和"。所谓附和，就是迎合对方，适时应答。

"附和"的汉字写作"相槌"（日语里汉字的写法）。该词来源于铁匠在打造刀具时，师父和徒弟需要互相配合呼吸，轮流捶打。

所以，在闲谈时，像铁匠打铁一般适时进行应和，是非常合理的行为。

附和时有三个要点。

第一个要点是忌否定，不要使用消极性字眼。

不打断对方，附和时配合肢体动作为最佳，比如可以使用"啊，好棒！""原来如此，然后呢？""我懂了，确实是这样！"之类的表达。身体微微前倾，促使对方将话题继续下去，这是诀窍所在。

有些人经常条件反射性地做出否定反应，"不是""但是""话是这么说，可是"都属于单纯的否定，并不在附和之列。

第二个要点是重复关键词。

即便是没有重点的谈话，也必然包含一些关键词。例如，

在谈论高尔夫的话题时,经常会出现"腰部蓄力"等关键词,那么就可以重复该关键词,"原来如此。看来腰部蓄力很重要啊"。如此就能鼓励对方继续说下去。

这和"鹦鹉学舌"不同。

鹦鹉学舌是直接重复对方的话。然而挑选并重复关键词的行为中,包含着"甄选重要词语"这一关键步骤。

准确识别关键词能够带给说话人一种感觉——"听者发现关键词了""听者听明白了",这会让说话人产生满足感。

第三个要点是使用"比如……是这样吗?"等表达来扩展对方的话题。

"我是新人,新人学习工作流程的时候,可以这样吗?"

像这样,通过具体举例的方式进行提问,对方就会给出回应,"确实是这样""不是很对",话题也就能拓展开来。"也就是说,是这样对吧",如果通过类似的表达方式来总结对方的言论,那么对方可能会感觉自己的讲解过于冗长。

综上所述,为了扩展话题,可以采用举例的方式。

充分运用以上三个要点,便可大幅度提升谈话技巧,绝对值得一试!

 适时附和,使对方心情愉悦
 将"不对""但是""可是"作为口头禅

24 | 积累素材从日常做起

谈话中用到的"小故事"需要做一些准备。

广播节目中的一个经典栏目就是以"今日来信主题"为标题，征集听众的故事。

征集的主题可以是"生命中的贵人""关于考试的回忆"，或者是"那些不如不说的话"等等，看似不温不火，实则充满温情。

听众的投稿中，既有传奇经历，又有令人感慨人情冷暖的故事，或让人开怀大笑，或让人陷入沉思。

我曾在大学课堂上给大家一个主题，让学生以两人或四人为一组进行交谈。

如果有人问你，"近一年内，你曾经因为什么事情受到了夸奖"，你能立刻侃侃而谈吗？

突然给学生一个话题后发现，大部分人会露出为难的表情，似乎正在大脑中飞速搜寻，"咦？有过吗"。之所以为难，是因为无法立刻想到合适的素材。

但是，当大家认真回忆，为接下来的发言而绞尽脑汁时，都会猛然意识到，其实自己脑海中早已经积累了数个小故事。

一旦将自己积累的素材用于输出，再次运用时便能更加游刃有余。

已故俄语翻译家兼作家米原万里女士在《不诚实的美女还是贤淑的丑女》（新潮文库）一文中如是写道：

"知道却无法运用的知识属于消极性知识。相反，能即刻运用的知识则是积极性知识。我们本就应该将知识置于积极性知识之列。"

消极的知识就是"记得曾有过了解"的知识，聊胜于无罢了。

甚至可以说，"知道却无法运用的知识"没有任何意义。

比如，即便向网球教练学习了击球方法，掌握了握拍方法以及各种动作，如果无法运用在实际的对打之中，也就没有任何意义。

面对突如其来的话题，要想应对自如，就必须在平时做好储备工作。大家可以选择向自己喜欢的广播节目投稿，也可以选择将自己的小故事发布在 YouTube 或者网络广播等平台上。

只要准备好"可用的谈话素材"，就不惧在任何人面前开口说话。

 储备好素材，以应对突如其来的话题
 脑海中尽是无法运用的知识

25 | 提出让对方感兴趣的问题

参加研讨会或者讲座时经常被问到"大家有问题吗",这时,你会怎么做呢?

很多人都会选择沉默,而不是积极提问。听完他人的一番言论,内心肯定会产生一些想法,或是认为"有趣",或是"不敢苟同"。

将心中所想以"问题"的形式抛给对方,定能从对方身上获取更多的信息。提问即是输出,但同时也是输入的绝佳时机。

"您的发言确实很精彩,但是还是想麻烦您解释一下其中的原因。"

"我是这样想的,不知道您觉得如何?"

朴素地发问,必然能有新收获。有时候能消除误会,接受对方的看法,有时候还能学到具体的操作方法。

知识的诞生离不开对话。在不断的提问中探索知识的模式,源于古希腊哲学家苏格拉底创立的"问答法"。

苏格拉底通过不断的提问让对方产生疑惑,"唉?我可能并不是十分了解"。

苏格拉底认为,这种疑惑才是哲学的起点,是热爱真理的起点。

以此为鉴，日常生活中也应时常保持提问意识。

那么，究竟应该如何提问呢？

例如在电视节目采访中，有人会向职业棒球选手提问，"对于你来说，棒球意味着什么"。这种问题未免过于拙劣。

例如"打出逆转本垒打时，你的心情如何"等更具体一些的问题也并不高明。因为这类问题的答案完全在大家的意料之中——"很开心""能为团队做出自己的贡献，真是太棒了"——所以难免令人感觉乏味。

也不要问一位做了精致美甲的女士花费几何。最近性骚扰问题、职权骚扰问题颇受世人关注，提问内容还需谨慎。

大家最担心的是，自己的问题会不会过于老生常谈，会不会有失礼貌。

最理想的问题是能够让对方感兴趣，并乐于回答的创造性问题。

接下来，我将为大家介绍其中的诀窍。

在对方讲话的过程中，先在头脑中准备大约三个问题（尽量做笔记）。

在提问机会到来之时，从中挑选出最佳问题，并进行提问。

脑海中浮现出的问题必然包括"很想了解，但有些失礼的问题""没必要特意提出的问题"。

然而，从三个问题中挑选出来的最佳问题则很可能是有深度的好问题。当然，涉及性骚扰及职权骚扰的风险也将大大降低。

最好的问题是能让对方在回答时意识到,"啊,这应该是大家都想问的问题"。

发掘大家隐藏需要的问题可以说是极具创造力的问题。能让回答者感叹一句"之前从来没有人问过我这个问题,但是仔细想来真的非常有意思",也是一种理想状态。

〇 提出问题,以获取新信息
✗ 有提问的机会,却因为害羞而沉默不语

26 | 不了解的话题，也要努力参与

在谈话过程中，当别人问起"你知道××吗"的时候，你可能恰巧对此一无所知。

但如果直接回答"不知道"，那谈话也将就此结束，陷入冷场的尴尬境地。只说一句"不知道"，在对方看来，就是在告诉他，"不要再继续谈论这个话题了"。

一方多次回答"不知道"，将使另一方变得兴味索然。

明明自己只是陈述了事实，表明自己"不知道"，却让对方认为，"和他聊天太无趣了""他可能不想和我聊天"，实在令人扼腕。

大家应该认清一个事实，以"不知道"来结束对话是一种十分危险的行为。

首先要接过对方的话题，不要打断对话。即便不了解，也绝不能流露出不感兴趣的表情。

那么，应该怎么做呢？

承认"不知道"这一事实，并在此基础上尝试进行输出，以活跃气氛。

例如，可以坦率地承认，然后直接询问对方："我从来没

听说过,那是什么啊?"坦率地发问,对方必然会给出说明。

"你是怎么看待订阅模式的?"

"不好意思,我有点孤陋寡闻了,订阅是指什么?"

"就是缴纳一定的费用,来购买商品或服务,很多人直接说成'订阅'。"

"啊,说起来,好像有人给我介绍过一个服务项目,每月缴纳5980日元,就能在吃饭的时候无限浏览新闻。"

"对,那就是订阅。还有那种一个月缴纳固定费用,就能随意挑选服装的服务。"

只要向对方表示出"虽然不知道,但是有兴趣"的态度,对话就能愉快地进行下去。

对自己不了解的事物抱有好奇心，而且能直接发问的人并不会给他人留下负面印象。即使知识储备不足，也不能放弃输出机会。

但是，有些话题也不能用"不知道"来回答。比如，当对方谈到英国脱欧问题时，如果回答"我没有听说，怎么回事"，难免会让对方认为我们缺乏作为社会人的常识。

面对不了解的常识性话题，应该抓住对方的关键词进行回应。

"啊，脱欧问题啊"，重复对方提到的关键词，用"确实还有些没解决的问题啊"等模棱两可的表达方式承接对方的话题，鼓励对方继续说下去。

接下来只要认同对方的发言，或表示叹服，就能与对方顺畅交流。

在这种情况下，第一要务是"维持"对话。能让对方继续话题的表达，就可以算作最低标准的言语输出。

 面对自己不了解的事物，坦率地发问
 用"不知道"来结束对话

第3章 言语输出的基本技巧

27 用 15 秒谈论一个话题

这一节只介绍"解说"和"总结"等形式中的言语输出技巧。

为锻炼学生的概括能力,我经常让学生做"15 秒发言"的练习。这种情况下,最关键的一点是使用秒表计时。当然,也可以使用智能手机自带的秒表。

先使用秒表计时,让大家发言。多次练习之后,大家就会产生时间概念——"15 秒大概是这种感觉"。

最初发言略显冗长的学生在经过短暂的练习之后,也能慢慢地将发言控制在 15 秒之内。

将原本认为需要 1 分钟的发言精简到 30 秒,再将需要 30 秒的发言精简到 15 秒。计时器让大家渐渐产生了时间概念,进而主动删减自己发言中无用的部分。

最终,大家的讲话方式都发生了转变,将"那个""嗯""像这样"等多余的词语剔除,只突出要点。

简单来说,他们的发言就如同 X 光片一般,只能看见鲜明的骨骼。

一旦掌握这种说话方式,在今后的人生中,便能一直以"发言高手"的形象示人。

我的学生在找工作的过程中听到其他学生的发言,如是说道：

"和课堂上一对比，感觉大家说话都慢吞吞的。"

这与足球选手习惯了代表队的传接球训练之后，再回到原来的队伍中时，总感觉队友反应迟钝如出一辙。

接下来，在习惯了用 15 秒谈论一个话题后，再尝试将时间延长到 30 秒。

调整有效信息量时，"短→长"才合理，切忌反其道而行。如果以"长→短"的顺序练习，就很难把握好"信息密度"。

要将 15 秒的话题延长到 30 秒，只需要在保持密度的基础上增加信息量，一段 30 秒的高质量发言也许就能水到渠成。

之后再进一步，进行"30 秒→45 秒"的练习。在避免加入多余语气词的基础上，还要注意主语与谓语的合理搭配。

在时间延长的情况下，也要重视完成度，保证自己的发言能够直接形成书面文章。

○ 用 15 秒陈述 1 个话题
✕ "那个""嗯"等多余语气词出现频率过高

28 将最终目标定为 1 分钟发言

大家不妨按照"15秒→30秒→45秒"的顺序逐渐延长解说时间,并将最终目标定为"1分钟发言"。

将解说控制在1分钟之内,让听者清楚明了的同时,激发对方的兴趣。

可能有人会想,"就1分钟而已吗",其实,1分钟并不短。

在日常生活中,大家可能感觉1分钟也就是一眨眼的时间。和朋友闲聊的时候,不知不觉间,1分钟甚至5分钟、10分钟就悄悄溜走了。

然而,一旦让大家围绕某个话题发表自己的看法,1分钟就变得相当漫长了。

用1分钟"介绍书的内容"或者"解说某则新闻"似乎并不简单。即便已经深入理解了素材内容,但如果不进行适当总结,也只能落得个不知所云的结果。

反过来说,只要有1分钟,就足以针对某一话题进行概括说明。

在课堂讨论中,我曾让学生们体验过1分钟解说。某些企业也会对新员工进行1分钟解说的培训。

比如，可以让大家两个人为一组，轮流针对自己的短期、中期及长期目标进行说明，并将时长定为 1 分钟。

假设 1 个目标需要 15 秒，那么"15 秒 ×3=45 秒"，剩余的 15 秒用于总结，共计 1 分钟时间。

估计原本不擅长说明性发言的人，运用这种方式，也能完成 1 分钟的解说。

然而，现实情况却远没有这么乐观。实际上，很少有人能够将自己的发言维持至 1 分钟。岂止如此，能够坚持 30 秒的人都少之又少。大多数人在 15 秒时就已经陷入了无话可说的状态，剩下的 45 秒也只能蒙混过关。

看来，"1 分钟"发言所需的信息量不容小觑。

对于大多数人来说，15 秒已经是极限，这一时间和电视广告时间基本持平。很多电视广告仅在 15 秒的时间内就能吸引观众的眼球，给人留下深刻印象。

而 1 分钟能够容纳 4 倍于电视广告的信息量，完成 1 分钟发言也需要具备高超的技巧。

○ 用 4 个 15 秒，即 1 分钟的时间传递更多的信息

✕ 将"1 分钟"视为小菜一碟

29 通过自己喜爱的事物进行自我介绍

接下来将就不同场合下的言语输出技巧进行具体说明。

谈到实用性较强的言语输出形式,就不得不提"自我介绍"。人们一般认为,自我介绍就是针对自己的情况进行说明,其实不然。

自我介绍的一大要点就是"不要一味说明自己的情况"。

经常有人用疑问句的形式来介绍自己的性格。

"你知道的,我呀,应该算是个起床困难户吧?所以,约太早的话,很容易迟到。"

听到对方这番话,我们可能很想反驳一句,"我根本不了解你啊"。对方一厢情愿地认为我们对他有所了解,实在让人恼火。

试图在自我介绍中说明自己的情况,原本就大错特错。从"自己的爱好"说起反而更容易引起共鸣。

我总是会要求大学新生在第一节课上做自我介绍。介绍时的规则是介绍一件自己喜欢的事或物,然后再进行相关展示。

例如，某个学生介绍说，"我现在很痴迷舞蹈"，随即表演了一小段舞蹈。

新生有数十人之众，大家虽然不能一下子记住所有人的名字，却一定会记得"当时表演舞蹈的学生"。

自己喜欢的事物，以及与其相关的展示，会给他人留下较为深刻的印象。

步入社会后也是一样，在交换名片时说一句"我很喜欢泡温泉"，就能给对方留下较为深刻的印象，对方可能还会回应"我也喜欢""有推荐的温泉吗"，谈话也能变得更加轻松。

共同的爱好能迅速提升双方的亲密度。

谈起自己的家乡也是一个行之有效的方法，但在说到自己的母校时还需慎重考量。方式不对则难免有炫耀之嫌，相反也有可能被对方看轻，令自己懊恼不已。

我也曾遇到过很多在自我介绍时便自然而然地提起高中母校的人。虽然确实是名校，但我还是认为"没有必要在初次见面时刻意提到自己的高中"，这种做法其实并不讨巧。

介绍自己喜欢的事物，可以算作最稳妥也最有效的自我介绍。

○ 在自我介绍中介绍自己喜爱的事物
✗ 在自我介绍中一味介绍自己的情况

30 三个实用的演讲技巧

演讲有三个诀窍。

第一个是先确定结束语。

确定结束语之后,以此为最终目标,反过来构思具体内容,语言组织将变得更加轻松。

精彩的结束语总是能给听众留下"演讲十分精彩"的印象。

第二个是精练语言。

冗长的演讲只能使听众生厌。演讲练习也应该以前文所述的"1分钟"为标准。

将时间控制在1分钟之内,剔除多余的信息,演讲内容将变得更加精练,也更容易收获听众的掌声。观众也会不禁叹服,"这场演讲不仅简洁,就连结束语都十分精彩"。

若演讲时间较长,在构思内容时,只需将其视为数个1分钟,例如5分钟就是"1分钟×5",也能避免使观众产生厌恶情绪。

第三个是具体举例说明。

"他是个非常温和的人。比如有一次……",具体举例说明更具说服力。

依此类推,使用某些道具也是一个重要手段。

比如,我有一个游历世界各地,专门收集民族服饰的学生。她在进行与自己活动相关的演讲时,随身携带了5套民族服饰。直接将实物展示给听众,能产生更强的冲击力,也能增强说服力。

有一种喜剧形式叫作"即兴搞笑",通常是利用某些道具故作憨态,来逗人发笑。我想,使用民族服装也可以算作充分发挥道具作用的绝佳案例。

再比如,如果想强调"安全第一",那么完全可以在现场拿出头盔戴在自己头上。听起来似乎有些滑稽,但实际效果却超乎想象。这些方法对于活跃演讲气氛十分有效,诸君不妨一试。

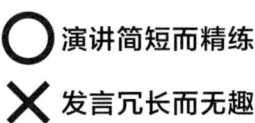
○ 演讲简短而精练
✕ 发言冗长而无趣

31 | 报告要趁早

报告贵在"早"。

在职场上，经常会听到有人抱怨："为什么不及时交报告呢？能早一天的话，问题可能早就解决了。"

提早交报告即可获取他人的信任；相反，迟迟不提交报告很可能引发信任危机。

之前曾有一档节目通过邮件向我发送了演出邀请，但是因为录制节目的那天我刚好有其他安排，于是只能调整之前的行程。

调整好日程之后，我答复节目组说："我将按时参加节目录制。"没想到，节目组回复称："非常抱歉，我们已经邀请了其他嘉宾。"

确实，我给出确切答复需要一些时间。

我当时应该提前联系节目组，告诉他们"我在调整行程，今天之内将给您答复"。

但节目负责人如果能提前通知，"若您未在 × 点之前回复，节目组将更换嘉宾"，我也许就能换一种处理方式。

或者，在节目组没有收到我的回复，决定更换嘉宾时，如果能发邮件告知"节目组已邀请其他嘉宾"，也能让人感受到更多的诚意。

在忙碌的工作中，情况瞬息万变。报告时间稍有延迟，可能就会造成分歧，招来麻烦。

而且，这些麻烦带来的影响将迅速扩大，甚至可能影响公司的口碑。

勤报告，早报告，是自我保护的最佳手段。

用邮件提交报告后将生成相应的记录。提交的时间越早，对自我保护越有利。

但是，这并不意味着，邮件一经发送便可高枕无忧。

当邮件发送后迟迟不见回复，而且不确定对方是否已经查看邮件时，需要再次发送邮件以进行确认。也可以通过Facebook 或 LINE 联系对方，充分利用各种通信方法。

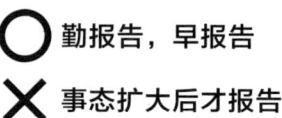
○ 勤报告，早报告
✗ 事态扩大后才报告

32 上司应创造良好环境，主动找下属谈心

无论在职场、学校，还是家庭中，融洽的沟通都需要"良好的沟通环境"。

上司、领导，或者有孩子的家长在日常生活中需多多积累聊天的话题，经常找下属、后辈或者孩子沟通。

沟通不限于自下而上，也就是说，不一定是下属找上司沟通，后辈找前辈沟通，或孩子找父母沟通。

大家可能见到过上司责备下属："为什么不早点找我商量！"

然而，这其实是颠倒了顺序。如果上司经常找下属沟通，那么下属也更容易向上司开口。

"关于这次汇报要介绍的商品设计，你觉得 A 方案好还是 B 方案好？"

可以尝试这样和下属沟通。下属会感觉"得到了上司的信任"，一旦下属的意见被采纳，他们会认为自己为上司做出了贡献。

但是，突然找下属讨论重要问题，很可能会让他们不知所措，所以在日常工作中，应该多多找下属沟通。平日打好的基础，将在关键时刻派上用场。

或者，平时也可以将沟通的话题记录下来，在会议过程中或者休息时间找下属沟通。

本节的重点并不是要解决沟通问题。更重要的是，通过沟通实现与下属之间的相互理解。

简单来说，就是在维持上司与下属之间关系的基础上，构建"融洽的上下级关系"。即便无法达到亲密无间，也至少应该创造出一个利于沟通的环境。

实际上，女性也经常利用这种沟通方式与自己倾慕的男性沟通。

我们经常见到在放学后，女高中生将年轻的男教师团团围住的场景。这既是沟通手段，也是表示好感的方式。

我曾在讨论会上让所有参与者进行沟通练习。一个人主动与他人沟通，周围人给予回应。

在轮番练习之后，大家的沟通能力都有所提升，初次见面的人之间相处得也十分愉快。

人与人之间在共享某种信息并共同寻找解决方案时就会产生亲近感。在日常生活中构建亲近感至关重要。

○ 平时注意与他人共享信息，创造利于沟通的环境
✕ 忽视日常交流，致使气氛尴尬

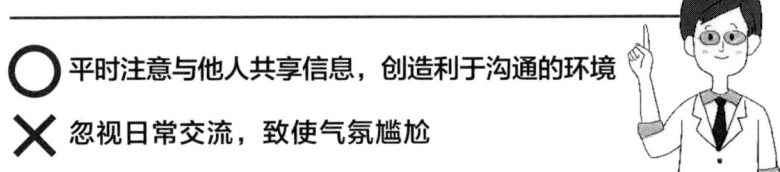

33 | 销售人员需要提供三个选项

虽然我没有销售的经验，但是站在顾客的立场考虑，销售人员在进行销售时，最重要的是赢得对方的"青睐"。

人们总是愿意听自己喜欢的人讲话，而不愿意听给自己留下不良印象的人讲话。

首先要做到仪表整洁，以干练形象示人。其次，谈业务不拖泥带水。以上是基本中的基本。

"今天是特意来拜访您的。我是××公司的××。请多关照。……那我就先告辞了。"

"今天可能需要耽误您三分钟的时间。……那我就先告辞了。"

如果能做到这些，就不会给对方造成负担。

将个人特点、人情味展示给对方是最低的要求。

我很喜欢狗，所以看到一见宠物狗或猫就忍不住要抱过来，完全顾不上自己的西装会不会沾毛的人时，总会不自觉地产生亲近感。

展示出个人特点，发掘和对方之间的共同爱好，进而建立融洽的关系才是关键所在。和对方志趣相投，就能获得对方的信任。

去别人家拜访时，看到墙上的挂画时，称赞一句"好漂亮的画。我也很喜欢画……"就能让彼此的关系更进一步。

也不要忘记聆听对方的诉求。

"听"比"说"更重要。优秀的销售员大都擅长聆听。毕竟销售工作不是把自家商品或服务强卖给对方，而是根据对方的需要提供方案。

提供方案时，最有效的方法是准备三个候选项。

比如，"如果顾客看重品质就选择这个；如果看重价格，就选择这个；如果希望兼顾两个方面，就选择这个"，提供三种价格不同的商品或服务，更方便顾客选择。

提供三种商品或服务，让顾客从中自由选择，能让消费

者感觉到自己掌握了主动权。

三选一的过程让顾客意识到是"自己在做选择",顾客更易于接受,也更愿意购买商品或服务。

还有一种方法是,将常规商品或服务作为第一个选项和第二个选项,而将充分体现个人喜好的商品或服务作为第三个选项。告诉顾客"您还可以选这个,这是按照我个人的喜好给您的建议",不管他们最终是否愿意购买,都能让人感受到人情味。

牢记"三个选项"原则,在介绍商品或服务的同时,也要适当进行自我展示。

优秀的销售员其实都巧妙地利用了上述销售技巧。

○ 让对方"信服"的销售
✕ 试图"说服"对方的销售

34 将要求具体化

向他人提出要求时需要明确内容。

如果对方没有采取相应的行动,首先要反省自己提出要求的方式是否不妥。

鼓励他人行动时,应提出具体的行动要求。

但是,当上司给下属下达命令时,由于上司的经验更为丰富,了解更多的操作方法,所以接受命令的下属不一定理解应该如何具体执行。

这时就需要明确告诉下属,"可以怎样,但是不可以怎样;我们的目标是什么",指出正确做法和错误做法,就能促使下属采取行动。

比如,仅告诉下属"记得回复客户",下属很可能推后执行。

所以应该明确给出指示:"客户很着急,要在30分钟之内回复。先处理这件事吧。"

或者直接告诉下属大致的步骤,"第一步做这个,第二步做这个,第三步做这个",虽然有些麻烦,但往往最高效。也可以明确写出步骤,制作简易手册,以邮件的形式发送给下属。

下属收到具体的步骤(手册)之后,就能按部就班地推进工作。与单纯收到口头指示相比,其行动也更加符合指示要求。

构思具体步骤并作出指示的能力在紧急情况下显得尤为重要。

我在编写《分步能力》一书时,曾针对人类有史以来步骤最多的工作展开调查。你知道是什么吗?

就是阿波罗计划(美国主持的人类首次载人登月计划)。确实,我们完全可以想象到,登月步骤极其烦琐。

而且,在阿波罗计划的第三次任务中还发生了戏剧性的事件。由于阿波罗13号出现故障,任务被迫终止,宇航员克服重重困难,总算成功重返地球。

当提前设定的步骤受阻时,即便对步骤作出调整,如果执行者不能按照要求执行,也无法渡过危机。

虽然很多人对手册、指南持否定态度,认为它们意味着"没有自主性""只能培养出手册型员工",但其实最基本的操作手册对于一个组织来说必不可少。

将工作分为需要手册的工作和需要发挥自主性的工作,在此基础上构思操作步骤并制作手册,这是一位领导的必备能力。

○ 下达指示时,指出具体方法
✕ 下达让下属不知如何执行的指示

35 边听边记录自己的意见

做记录的习惯直接关系到表达能力。

听他人发言时所做的记录不必面面俱到。尤其需要注意的是，不能将所有精力放在记录上。

记录不宜超过所接收信息量的十分之三。

记录的目的是帮助自己回忆"当时听到的信息"。只要能达到目的，即便记录不足十分之三也无妨。

边听边记录时，人脑内七成以上的活动区仍然可以用于记录以外的工作。

不仅要记录对方的言论，还要记录"自己的想法""自己的办法"。

上司在公司会议上讲解新计划时，应该一边记录内容，一边记录"自己的办法"，这样的记录将带来优质的输出。

接下来再将记录中写下的"自己的办法"转化为自己的意见，告诉大家"我想，在这种情况下，可以使用这种方法"，将自己积极思考的一面展现出来。

分别使用不同的颜色来记录自己的感想、意见、疑问，效果更佳。

我一直在提倡"三色笔记录法"。三色的使用方法如下。

红色=觉得"非常重要（客观）"的地方
蓝色=觉得"还算重要（客观）"的地方
绿色="感兴趣，觉得有趣（主观）"的地方

根据对方发言的重要程度，分别用红色和蓝色记录，自己的想法则用绿色记录。这样一来，当对方征询自己的意见时，也能迅速予以回应。

○ 记录"自己的办法"
✕ 试图将听到的所有信息全部记录下来

第4章

用文字输出提升自己的能力

36 | 写作时以10页稿纸（4000字）为目标

本章将介绍提升"文字输出"能力的方法。

衡量写作能力的一大标准是文字量能否达到10页稿纸（4000字）。能够轻松达到这一标准的人，就叫作"会写文章的人"。

如果将言语表达比作"走"，那么写作就相当于"跑"。

我虽然没接受过专业训练，长距离"行走"也不在话下，然而长"跑"却让我望而却步。

一个自进入社会之后便很少运动的人很难完成10公里长跑。应该先从走路开始，或者从跑1公里开始，然后再慢慢延长距离，否则后果不堪设想。

写作能力的提升与跑步练习如出一辙。

在我看来，1页稿纸（400字）就相当于1公里，10页稿纸就相当于10公里长跑。

让之前从来没接受过此项运动训练的人一下子跑10公里实属强人所难，实际上，也确实很少有人能够跑完全程。

然而，只要采用逐渐延长距离的方法，每个人都能跑完全程，不过是时间早晚的问题罢了。总之，获得跑完10公里的长跑能力（写作能力）才是目标所在。

写作也是同样的道理，即便不接受训练，大部分人也能写完1—3页稿纸。然而，要达到10页，就需要一定的练习。

反过来说，不断地进行写作练习，就能提升写作能力，达到这一标准。由此也将对写作产生信心，甚至开始享受其中的乐趣，有一天或许能完成100页的论文也未可知。

到时候，10页、20页不过是小菜一碟。

在写作过程中，能完成10页的人，和无法完成的人在精神疲劳度方面有天壤之别。

没达到过10页的人，内心将焦虑万分，一边写一边想，"到底什么时候才能写完"。然而，已具备这一能力的人对完

成该目标需花费的心力已经了如指掌，精神压力也将减少半数以上。

某公立小学所有六年级学生的毕业作文都达到了100页。如此文字量，足以让他们对今后的写作能力充满信心。

一本书所包含的文字量大约相当于300页稿纸，也就是说，每天写10页，只需30天就能完成。

刚开始时，数量比质量更重要。数量积累到一定程度，质量也将有所提升。

望大家谨记，写作时首先要保证"数量"。

○ 刚开始时，数量比质量更重要
✕ 过于强调质量，而无法保证数量

37 | 写之前先说

写作困难的人可以尝试在下笔"写"之前加上一个步骤——"说"。

也就是以言语表达为基础构思文章。

比如，先读一本书，然后将书的内容讲给朋友或家人听；再以言语表达时的感触为基础，进行信息的增补或删减。

这可以算作写文章之前的"演习"。

尝试过之后就会发现，将曾跟 2—3 个人提起过的内容形成文字是一件相对轻松的事情。

尤其是写作困难的人，可以先通过"说"这一手段来寻找输出的感觉。压力得以缓解之后再进入写作阶段。

或者也可以在 Twitter 等社交平台上以聊天的语气写一篇短文，例如"我读了这样一本书"，以此作为输出练习。之后，再进一步整理，用文章的形式发表出来。

当然，实际写作的时候，某些部分也会让人感受到"果然和说（在 Twitter 上发布）不一样"。

然而，这之前的输出练习确实能够缓解压力，这也是不争的事实。

我有时候在发表文章之前，也会找周围的人沟通："我

是这样看待这件事的，你觉得怎么样？"

在说的过程中，不知不觉就能构思好写作的内容。最好一边说，一边记录要点。

对方不完全了解我们的写作主题也无妨。一个知之甚少的人很可能坦率地表示自己的疑问，"你说的是这个意思吗"，这样我们反而能发现究竟该写些什么。

在与人交谈的过程中，往往能产生灵感。写之前先说是一个非常合理的方法。

 在写之前先说，整理自己的思路
 没整理好思路就下笔写作

38 | 文章中需包含新发现、新观点

一篇具有可读性的文章必然包含新发现或者新观点。在文章中加入作者独有的想法才能打动读者。

新发现带给人的欣喜之情能激发表达欲。这份欣喜之情是文章写作的催化剂。

比如，在看完一场电影，深受触动之时，一句"这部电影很有趣"好像并不足以表达内心的情感。

总感觉只有用文字将打动自己的地方具体化，再加上一句"这部电影值得一看"，与他人分享自己的感动才算是心满意足。

也就是说，在写文章时，表达自己的新发现、新观点非常重要。

即便文章本身的写作技巧略显拙劣，但只要有新发现、新观点，就可以称之为具有可读性的文章。

当然，也应该尽量做到文字优美。然而，没有必要刻意模仿名家风格，一味追求格调。

格调再高的文章，如果没有新发现、新观点，也只能是一篇空洞的文章。

文章可以朴素。不妨把写作的目标定位于文字朴素但能

打动读者，让读者读罢之后不禁感叹"这种观点真有趣"。

尤其是当今时代，更需要包含新发现、新观点的文章。因为发布在博客、Facebook、Twitter等社交平台上的文章很容易受到众人的关注或被转载。

写文章与工作中写企划案同理。单纯地整理数据无法撰写出优秀的企划案。而且这种水平的企划案完全可以交由AI（人工智能）代劳。

只有提出新发现、新观点，才能触动他人，并推动新项目的诞生。这本身也是一种创新。

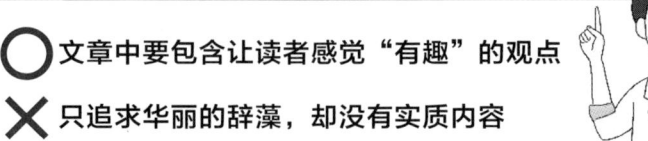

〇 文章中要包含让读者感觉"有趣"的观点
✕ 只追求华丽的辞藻，却没有实质内容

39 | 写作时，量比质先行

先不要考虑文章的质量如何，大胆下笔才是重中之重。而且，不管如何，第一步要先保证数量。

如果你对育儿感兴趣，可以先尝试在 SNS 上发布一篇"100 本有趣的育儿书"。

但绝不能等到精挑细选出 100 本之后再下笔。

如果非要等到挑选出 100 本，或许永远无法完成这篇文章。不妨先选 5—6 本，然后开始动笔。

未做好准备，也可以付诸行动。甚至可以说，这才是最理想的开端。

但在没有做好充分准备的情况下，必将逐渐陷入无素材可用的境地。比如，可能写到 30 本时就不知道接下来该如何是好了。

"这本书的确很有意思，但跟育儿没有关系""家里只有 30 本育儿类书籍"，一旦碰壁，很多人就会中途放弃。

这时候一定要坚持下去。在绞尽脑汁想办法的过程中，总会找到突破口："接下来好像可以这样写。"

当写到 50 本以上时，必然会变得更有干劲。甚至可能在即将达成目标时产生一种想法："100 本实在是太少了，我还有很多育儿书要介绍呢。"

第 4 章　用文字输出提升自己的能力

不纠结于质量，以量决胜，只要坚持这种理念，就能源源不断地输出。如此便好。

我现在已经完成了700本书，当初我的目标是100本。

在以100本为目标坚持写作的过程中，逐渐发现了更多的素材，"我还想写那个话题""还可以写这个主题"，输出也因此越来越多。

与其追求一次性达成10分的完美作品，倒不如多次练习，即便每次只能达到7—8分也无妨，其实这样反而更容易实现优质的输出。

毕竟，为作品质量打分的不是自己，而是读者。

把眼光转向音乐界你会发现，莫扎特、巴赫的作品数量远远超乎人们的想象。莫扎特为世人留下了700多首作品，而巴赫的作品数量竟多达1000多首。

我想，他们之所以能够创作出不朽的名作，也是通过不断的输出激发了自己的想象力。

○ 坚持写作，只能达到7—8分也无妨
✕ 追求完美，迟迟没有进展

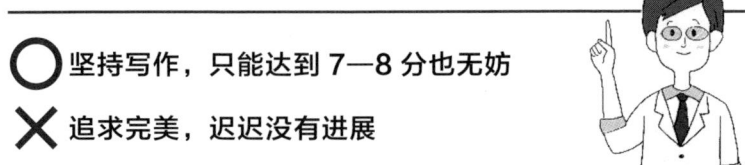

40 | 不能复制粘贴，但可以"引用"

毋庸置疑，写文章时绝对不能剽窃他人文章，这是根本中的根本。

但是，将自己获取的信息用自己的语言表达出来则合情合理。简而言之，"不能剽窃"，但"可以引用"。

常言道，"文如其人"。经过一个人的思考，再由他亲笔写出来的文章，必然带有"此人的味道"。

我已经做了很多年的大学老师，对于每个学生的文风，或者"经常使用的词汇、表达方式"多少有些了解。

所以，当学生的文章里面出现了与平日文风不符的措辞时，我的第一反应就是"这恐怕是抄袭的"。

后来读着读着发现，词汇水平明显上升，还时常出现灵动秀逸的比喻，所以我断定其中必有问题。

很多年前，我确实曾通过这种方式，识破了学生的抄袭行为。

反过来说，用他们惯用的措辞和文风写出来的具有个人风格的文章，就一定是原创文章。

可以说，世间所有文章都是 99% 的引用，加上 1% 的个人特色，而个人特色则与原创息息相关。

孔子曰，"述而不作（只叙述先贤的言论）"，耶稣基督也大量引用了《旧约》。

所以，引用新闻中看到的信息或书中读到的知识也无可厚非。

不管是自己认为有趣的地方，还是打动自己的地方，都能用于发表。

当然，需要使用引号及括号——"××××××"（出自《××》）进行标注，以明确出处。

引号内可直接引用原文。引用本身也是一种输出形式。

○ 将引用的信息用自己的语言表述出来
✕ 直接复制粘贴，盗用信息

41 | 在咖啡馆进行"手机输出"

大街小巷中的咖啡馆非常适合输出创作。现在有很多自助式的咖啡馆，便利店里面也增加了用餐空间。

当然，停留时间过长可能会给商家造成麻烦，但30分钟或1个小时的咖啡时间，完全可以让大家专注于输出创作。

就算只有10分钟、15分钟的时间，踏进咖啡馆，埋头于输出创作也是一个不错的选择。实际上，我已经养成了只要有10分钟、15分钟的空闲时间，就会走进咖啡馆的习惯。

自助式咖啡馆提供的咖啡一杯不过200日元，便利店的现磨咖啡只要100日元。用100日元、200日元换来10分钟的原创性输出，可以说是一笔性价比很高的消费。

进入咖啡馆后，不能只顾享受香醇的咖啡，而让时光白白溜走。把周围的些许噪声当作背景音乐，集中自己的精神；也可以戴上耳机，播放自己喜欢的音乐。如果只是想放松，那么完全可以选择自己家。

自家和咖啡馆相比，咖啡馆更适合进行输出创作。在咖啡馆时，周围都是陌生人，所以能使人保持一定的紧张感，而适度的紧张感反而能让人集中精力进行输出创作。

即便只有10分钟，但积少能成多，聚沙能成塔。10分钟足够让我们对 Instagram 上的照片发表一番精彩的评论。

报纸、杂志或者网络媒体邀请我写评论的时候，如果只需要 800—1000 字，我经常会选择在咖啡馆使用手机来完成。

经常有人问我："这么长的文章，都是用手机写的吗？"而且现在也已经出现了完全使用手机来写书的创作者。"咖啡馆 × 智能手机"对于繁忙的现代人来说，应该是最佳组合。

接下来告诉大家一个在短时间内写出一定量文章的诀窍。

就是先决定好题目和最后的"结句"，即文末最后一句。可以说，这样就算完成了大半。

先写好开头和结尾，中间的部分可以利用在咖啡馆停留的时间集中写作。

给自己定一个目标，比如 1 个小时内完成，然后就开始你的创作吧！

○ 有 10 分钟、15 分钟空闲时间时，在咖啡馆进行输出创作

✕ 吝惜咖啡钱，错失输出创作的机会

42 坚持定量，在一定时间内专注于写作

最适合文字输出的时间段因人而异。

大家可以自行选择自己的黄金时段，晨间头脑比较清醒的人应选择早上的时间段，相反，夜型人则应选择晚上的时间段。或者，也可以在工作告一段落之后、回家之前，找一家咖啡馆，安静地写写文章。

工作改革法案通过之后，按时下班的人越来越多。所以，养成在傍晚时段进行输出创作的习惯也不错。

美国的畅销书作家斯蒂芬·金在《小说创作方法》（译者注：中译版《写作这回事》）一书中提到自己主要在早晨写作。

写文章的时候，最好关上房门，不接电话，也不接待访客，在完成自己的写作目标之前，只专注于创作。

即便状态再好，在完成目标之后，也要及时停止。这也是实现持续创作的诀窍。

结束写作时，提前写好第二天的开头部分。然后，第二天再以这部分为引子，继续进行写作。为了避免自己三天打鱼、两天晒网，每天都要坚持一定量的写作。

可以像斯蒂芬·金一样始终选择晨间时段，或者也可以

坚定地选择夜间时段，这是大家的自由。

不管选择哪个时间段，"坚持一定量""在一定时间内集中精力"才是输出创作成功的不二法则。

尤其是对于现代人来说，智能手机是最大的"时间杀手"。

当然，无论是在工作中，还是在个人生活中，智能手机都是一个十分有用的工具。但是，大多数人即便有大把的自由时间，也会选择浏览 LINE、Facebook、YouTube，白白浪费了大好时光。在 LINE 上和友人互发信息，不能算作输出。

进行输出创作时最理想的状态应该是像斯蒂芬·金一样，只专注于创作。

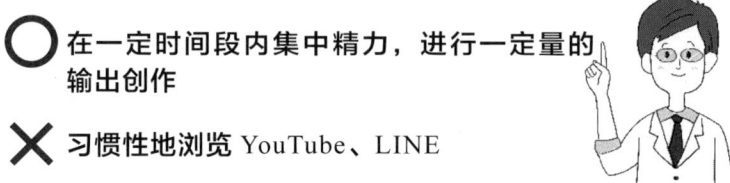

○ 在一定时间段内集中精力，进行一定量的输出创作

✗ 习惯性地浏览 YouTube、LINE

43 | 边读书，边写读书心得

我小时候所在的静冈市小学要求四年级以上的学生在读完书后都要写读书心得。

我还记得，当时教室里准备了读书心得专用稿纸。所以，我每天读书，每天都写读书心得，渐渐地养成了写读书心得的习惯。到后来更是发展成合上书的同时，读书心得已经写好了的状态。

读书心得有加深印象的作用。我现在还能回忆起我小时候写的读书心得。

有人认为，"如果强迫孩子写读书心得，会让他们产生抵触情绪，要让孩子快乐阅读"。乍一听，好像很有道理，但是有过上述经验之后，就总觉得其中有不妥之处。

单纯的阅读确实令人愉快，但其实，写读书心得能促使人们更深入地阅读，从而让大家进一步体会到阅读的乐趣。

我在以写读书心得（输出）为前提进行阅读时，就会下意识地留心书中的"亮点"。

由此会想到，读过的内容最终都能为我所用，慢慢地，对阅读的兴趣越来越浓厚，进而形成良性循环。

不擅长写读书心得的人，恐怕只是没有形成寻找书中亮

点的意识罢了。

读书时以输出为前提，就能边读边感悟。话说回来，如果读完一本书后，没有任何感想，那么读书的目的又是什么呢？

接下来，将为大家具体介绍读书心得的写作方法。

首先，在读书的过程中，要用圆珠笔标注出之后要引用的地方。建议大家使用前文中介绍的三色笔记录法。读完之后，从一本书中挑选大约三处进行引用，总结成文。

同时，不要忘记及时把自己受触动的原因，以及想传达给他人的信息写在空白处。

全部读完之后，将引用部分精简至三处并作介绍。对每一处稍加评论，便可轻松完成一篇读书心得。

读书心得其实完全可以在阅读过程中完成。

○ 边读书边画线标注出引用部分
✗ 漫无目的地阅读，读完之后再绞尽脑汁，构思读书心得

44 将故事的关键词与现实相联系

写小说的读书心得时，一个非常实用的技巧就是将故事的关键词与现实世界中的真实事件相联系。

接下来以出生于捷克的作家卡夫卡的小说《变形记》为例进行说明。

《变形记》讲述了早上醒来发现自己变成了一只巨大甲虫的男主人公与其家人之间发生的故事。主人公在变成甲虫之后，成了家庭和社会的累赘。

这不禁让人联想起现实世界中遭公司裁员，终日将自己关在家里的父亲形象，还有和父亲渐行渐远的家人们。"读卡夫卡的《变形记》让我想到了被公司裁员的日本中年男性"，这样就可以形成一篇感想文。

但是，因为卡夫卡的《变形记》知名度过高，大多数感想文都很难打动读者。所以，大家可以选择卡夫卡的另一篇相对小众的小说《绝食艺人》。

当时的欧洲，确实有人将绝食作为一种表演形式，这篇小说描写的就是那些以绝食为卖点的绝食艺人。

所谓绝食表演，也只是给大家表演绝食而已，原本就很乏味。所以世人慢慢地也就失去了兴趣，演出也无法再继续维持下去……小说讲述的就是这样一个悲剧故事。

由此便可以自然而然地想到，"绝食艺人"这一关键词的含义就是"虽然费尽心机地做了一些事情，但因为过于平淡，而始终无法获得世人青睐的人"。

卡夫卡在生前也曾默默无闻，他可能是将自己与绝食艺人的角色融合在了一起也未可知。

接下来，就可以把绝食艺人的概念与现实世界中的现象相联系。

"我们很少见到电视上介绍浪曲艺人、说书艺人，他们像'绝食艺人'般不见经传，但确实有着高超的技艺。比如……"

"听闻日本的板球运动员中还有人需要靠打工维持生计。但是世界顶级运动员的收入竟有数十亿之巨。读完《绝食艺人》之后，深感日本的板球运动员与他们的境遇如出一辙。"

虽然也可以单纯地介绍"世界上有很多默默努力的人"，但一旦与《绝食艺人》相联系，文章将变得更具文化气息及创造性。

阅读某个故事的时候，首先要找到关键词，也就是其核心所在。然后寻找现实世界中能与故事相联系的现象。养成以上两个习惯，即可大幅度提升输出创作能力。

○ 用"关键词 × 现实世界"的形式来吸引读者
✕ 不假思索，单纯、直白地表达自己的感想

45 | 写作时要设定截止日期

19世纪的法国文豪巴尔扎克是世界闻名的多产作家，同时也是一位"阅女无数"的情种。

巴尔扎克生前虽然债台高筑，但其生活却十分奢靡。传说他只要不写作，便无法维持生计，所以只能疯狂地创作。

俄罗斯的大文豪陀思妥耶夫斯基也是一位因负债累累而闻名的作家。正如陀思妥耶夫斯基的《赌徒》中所述，他沉迷于赌博，一次次借钱，又一次次输光，甚至还经常预支稿费拿去赌博，经常处于身无分文的境况。

所以，他也只能大量地创作，陆续出版了《罪与罚》《卡拉马佐夫兄弟》《地下室手记》《白痴》《恶灵》等世界名作。

巴尔扎克和陀思妥耶夫斯基的共同之处在于创作的动机来源于债务。很有趣的一点是，他们虽然是受债务所迫，但并没有粗制滥造，反而创作出不朽的世界名作。

人在面对一定压力时更容易完成输出创作，这是不争的事实。但为了进行创作而去四处借钱绝非明智之举，我也不建议大家这样做。

我给大家的建议是，设定"截止日期"。确实，设定截止日期对于输出创作来说非常有效。

在我小时候，手塚治虫、藤子不二雄等人气漫画家邀约不断,他们接连在漫画杂志上发表了诸多名作。

尤其是周刊杂志给漫画家带来了沉重的截稿压力,但正因为有截稿日期,读者们才能奇迹般地每周欣赏到新故事。

同理,大家可以给自己设定一个截止日期。比如,每周一之前要在SNS上发表一篇"实用书籍推荐"。

关于截止日期,我还听学生讲过这样一个故事。

他从明治大学毕业后,进入学校,成了一名教师,经常需要给学生和家长发送"家庭联络簿"。

频率为一周一次,刚开始的时候还感觉游刃有余,渐渐地却越来越感觉无事可写,这一周一次的频率让他十分头疼。

终于,他想出了一个解决办法,是什么呢?

他竟然将一周一次的频率提高到了一天一次。

这还真是以行动力取胜的明治大学毕业生特有的思维方式(笑)。结果,一天一次的频率反而让他比一周一次时产生了更多的感悟,而且各种想法也源源不断地涌现出来,写作对于他来说也已经是得心应手。

他还向我展示了自己写的家庭联络簿,其精彩程度令人不禁咋舌。

大家一旦为自己设定好截止日期,就会开始构想"今天要写什么""我要收集什么样的素材",从思想及行动上开始做准备。同时以输出为目标,采取相应的对策。

前文中曾提到，我要求学生们"每周一上午前提交一篇随笔"。

虽然这一截止日期曾经让学生们苦不堪言，但在毕业之后，很多学生都告诉我："学生时代的很多想法以字面的形式保留了下来，这一年的写作真的让我受益匪浅。"

迟迟没有输出成果的人可以先尝试给自己设定一个截止日期。

 设定截止日期，督促自己采取行动
 浑浑噩噩，迟迟不采取行动

46 | 挑选三个佳句写书评

从书中挑选出三个自认为非常精彩的语句就可以完成一篇读书感悟或者书评。

从书中挑选的三个佳句是整篇书评的框架，只需要再填充一些说明，就能将整本书的魅力展现得淋漓尽致。

做法非常简单。在读书的过程中，一边读一边画线，标注出"精彩的语句"以及"作者想要强调的观点"。

然后在读完整本书之后，从画线的语句中挑选出"前三名"。尽量从开头、中间、结尾部分各挑选一句，以求均衡。

选定三个佳句之后，对"自己选择这些语句的理由"进行说明，并以此作为具体内容。如此便可构成一篇书评。

在说明选择理由时，需要解释背景、知识及出场人物。在解释的过程中，也能将此书的魅力恰如其分地呈现出来。而且，通过选定的三个佳句，还能体现出自己的个性。

书评写作中可以使用上述方法，前文所说的让孩子写读书心得也同样可以应用该方法。

我之前曾经将这种极其简单的读书感悟写作方法传授给小学生，结果，一度为读书感悟所困扰的孩子也开始爱上了写作。

此前一直不知如何下笔的孩子们，也可以一口气写完三页稿纸了。

很多孩子的读书感悟都只是单纯的杂想，"主人公的各种壮举让我十分敬佩"，过于笼统和抽象。

但如果要求他们从书中找出（挑选）三个优秀的语句，孩子们就有了一个明确的目标，也就有了思考的方向。

于是就能将自己的感悟以文字的形式表达出来。

除书评写作以外，影评、乐评也同样可以采用上述方法。诸君不妨一试。

○ 选出自己印象最为深刻的三个佳句作为书评的框架
✗ 读书感悟流于单纯的杂想记录

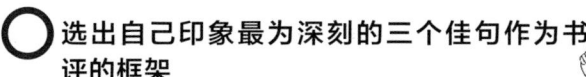

第4章 用文字输出提升自己的能力

47 | 将短篇缩略至五分之一，培养编辑能力

读完一本书后，只需引用三个佳句就能完成一篇书评，同时也能证明自己的阅读能力。

这种"引用能力"也可以叫作"编辑能力"。职业作家和编辑都具备杰出的编辑能力。

那么，如何提高编辑能力呢？

为此，首先需要把自己看作总编，客观地审视、修改他人的文章。

"这一句，这样写的话会更好吧？"
"如果是我，我会这样表达。"
像这样，在审阅的同时使用红色圆珠笔进行标注。

一旦站在审阅的立场上，就能更清楚地辨别事物的好坏。

曾经有一位大学四年级的学生在求职面试中屡屡受挫，于是我将他带到了大学一年级学生的课堂上。在课堂上，我对一年级的学生说道：

"大家就是面试官。他是一名大四的学生，接下来将做个人陈述。大家根据内容提问。听完他的回答之后，决定是否

录用。"

让一年级学生评价四年级学生,听起来似乎有些不合常理。我最初也以为一年级的学生可能会有所顾忌,然而正式开始之后,大家都很积极。

"××的回答没有达到我的要求,所以很遗憾,我决定不予录用。"

"我觉得这部分不错,但如果能再多展示一下自己会更好。"

大家都直截了当地表达了自己的看法。而且,他们的意见也都十分精准,这让我深感震惊(最终,四年级学生在正式面试中因表现优异而被录用)。

作为评判方的经验能让大家形成角色意识,并进行精准的评判。

一个始终处于被评判方立场的人无法掌握这种能力。所以,需要定期为自己创造条件,对他人进行评判和指摘。

对现有的名家作品进行精炼也是一种不错的练习方法。

比如,可以尝试将芥川龙之介的短篇小说《蜘蛛丝》缩略至五分之一。按照 400 字稿纸换算,《蜘蛛丝》也就是一篇不足 8 页稿纸的短篇小说。

不改动文章内容,只需将文章长度缩减至五分之一。但是要保证语言流畅。

毕竟是文豪芥川龙之介的文章,即便经过缩略,也十分精彩。

青空文库上登载了许多著作权已失效的文学作品供大家免费阅读，只要将原文截取下来，即刻就能用手机开始练习。

此类练习可以帮助大家提升寻找文章亮点的技能。

世上还有这样一种人，他们不擅长原创，却精通编辑及评论。

也有不懂服装设计，但在服装搭配方面表现超群的人。即便是优秀的文学评论家，也不一定能写出畅销的小说。

这一类人，只需专注钻研编辑和评论技能即可。输出包含各种各样的类型，而每个人擅长的类型也千差万别。

从中选择自己擅长的类型，用心研究才是王道。

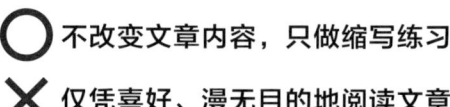

○ 不改变文章内容，只做缩写练习
✕ 仅凭喜好、漫无目的地阅读文章

48 | 发送邮件前，先"小声读一遍"

邮件标题拟定的基本标准就是简单明了，要像书名一般，让人一眼便能了解邮件的大致内容。

只标明"商讨事宜"无法让对方了解商谈内容，所以需要进一步明确，例如"××项目相关事宜"。

另外，为方便今后查询，需添加简明的固有名词或者日期。

邮件正文中的必要信息可以采用分条书写的形式。

如果是演讲邀请，可以逐一列举各项信息，"演讲内容为××，日期为××，会场为××，演讲费为××"，最后以"期待您的回复"为结句，即可完成一封明确、简洁的邮件。

首句及结句使用礼貌用语，中间注重内容，表达需简洁，此乃不二法则。

还需注意避免遗漏信息。一旦出现信息遗漏，对方就要专程发邮件询问，我们也需要及时予以回应，造成麻烦。

相反，如果邮件中包括对方可能想了解的所有信息，则会给对方以"可靠"的印象。

在邮件中添加最基本的信息，并附带对方需参考信息的相关链接也是明智之举。

第4章 用文字输出提升自己的能力

例如，发送会议通知时，如果能够在列出店名、地址的基础上附加店铺网站的 URL 地址就再好不过了。

如上所述，考虑周全、能为对方减少麻烦的邮件将给人留下良好的印象。

在发送邮件之前，先小声地读一遍，就能有效防止错字和漏字现象。

匆忙之中编辑的邮件很容易出现拼写错误。这时候，为防止出现错字、漏字，需要从头阅读一遍，如此便能发现其中的错误。

错字和漏字会让人对整封邮件内容产生怀疑。尤其需要注意避免人名和数字错误。

○ 分条书写邮件中的必要信息
✕ 邮件过于冗长，毫无逻辑

第 5 章

让你灵感不断的输出技巧

49 | 培养当事人意识，收获创意

本章将介绍未来社会迫切需要的创意（输出）方法。

我曾在电视上看到一款在东非国家肯尼亚大热的产品。

这款热销商品是没有自来水的地区用来运水的一种工具。之前人们一直用大塑料桶打水，靠头顶运送，所以运水是一项耗时长而繁重的工作。这款商品出现后，打水变得更加轻松，孩子们也有时间去学校上学了。

我在随后的一场演讲中向听众提出了这样一个问题："在常年为取水问题所困的肯尼亚人民中出现了一款热销的塑料制品。你认为这是一款什么样的产品呢？"

我要求大家以四人为一组进行讨论，组员各自发表意见，然后汇总出该组的答案。

结果让我大吃一惊，大部分讨论组得出了正确答案（或者其答案的原理接近正确答案）。

"一种类似于滚轮的容器，可以在地面上滚动。"

"圆柱形的容器，从中间孔洞穿绳，滚动运输。"（正确答案）

大部分人在经过一番思索之后，都能想到是一种滚动式运输工具。也就是说，"滚动式"并不能算作是有价值的创意，而是大家自然而然能够想到的创意。

其实，创意未必需要漫长的思考，只要巧妙利用现有创意，人人都能拥有绝妙的创意，甚至改变人们的生活方式。

那么，为什么大家无法在日常生活中提出自己的创意呢？这只不过是因为没有创意需求罢了。

之前没有"解决肯尼亚取水问题"的需求，所以大家也从来没有考虑过这一问题。需求催生了创意。

这一过程中，最重要的就是"当事人意识"。

培养当事人意识，把所有事情看作自己的事情，养成设身处地考虑问题的习惯，才能更加积极地发言。

即便拥有丰富的知识，如果没有当事人意识，也不会主动运用自己的知识。不被利用的知识就是无用的知识。

未来社会越来越需要大家摆脱旁观者心态，站在当事人的立场思考问题。

只要大家团结一致，群策群力，就能解决一切问题。只有全体成员都把问题当作"自己的事情"，而非"闲事"，才能实现人人参与，充分发挥全体成员的智慧。

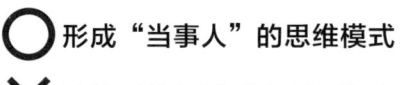
○ 形成"当事人"的思维模式
✗ 始终无法摆脱"旁观者"心态

50 跳出现有创意的框架，重新排列组合

创意能力等同于"排列组合能力"。

换句话说，创意能力就是跳出现有创意的框架，重新进行排列组合，也可以叫作"标新立异的能力"。

之所以这样说，是因为世上很少有真正从零开始的创造，大多数创意都是在巧妙利用前人智慧的基础上诞生的。

别忘了，人类文化也是在不断进行排列组合的过程中逐渐形成的。

例如，黑泽明导演的电影《蜘蛛巢城》就是改编自莎士比亚的戏剧《麦克白》，只不过将背景设定成了日本战国时代。

但是，电影观众也不会因此将《蜘蛛巢城》定性为抄袭，因为《蜘蛛巢城》带给观众的观感完全不同于《麦克白》。

前段时间，我在电视上看到了 AC Japan（译者注：一家公益广告机构）为"心脏的'呐喊'活动"设计的宣传广告。

这则广告是为了呼吁人们关注一种叫作瓣膜病的心脏疾病，告诉大家一旦出现心悸、呼吸困难等症状，需要及时到医院就诊。

直接打出一行字——"AC Japan 呼吁大家关注心脏病"，难免让人感觉乏味。

实际上，这则广告是以蒙克名画《呐喊》中的人物为原型，创造了一个瓣膜病患者的人物形象。搞笑艺人、Ungirl组合的田中卓志让旁白妙趣横生，营造出了明朗的氛围。

我不禁为广告设计师的创意暗暗叫绝。

这则广告沿用了蒙克的《呐喊》这一现有艺术作品，将其与呼吁人们关注心脏疾病的主题，即"心脏的'呐喊'"相联系，可以说充满了创造力。

现实世界中，通过重新排列组合产生的创意比比皆是。

在同一领域中，沿用之前的创意可能会被大家称为"炒冷饭"，但如果将其应用至其他领域，就很可能被大家当作全新的创意。

所以，无须执着于百分之百的创新，只要大胆地跳出现有创意的框架，重新进行排列组合即可。

当你漫步于街道，或者读书、看电视时，只要看到有趣的创意，就要下意识地思考一下，是否能把它应用于自己的作品中。

新颖的排列组合方式很可能引发奇妙的化学反应，有时自己的创意也会让自己大吃一惊。

○ 在现有创意上下功夫，排列组合出全新的创意

✗ 执着于百分之百的创新，最终还是毫无成果

第 5 章　让你灵感不断的输出技巧

51 | 大胆表达自己的想法，"就算不行也无妨"

一个有活力的团队不会否定任何一位成员，大家也都抱着"就算不行也无妨"的想法，积极发言。

在轻松自由的环境下，大家踊跃地提出自己的想法，经过一番激烈的讨论后，达成最佳解决方案。

算起来，我担任 NHK 教育频道儿童教育节目——《寓教于乐日本语》综合指导的时间长达 15 年以上。

我们每年都会在固定的时间段召开以"下一年度节目策划"为主题的企划会。会议一开始，各种创意便层出不穷。

虽然在数十个创意中，最终被采纳的不过十分之一，但大家还是乐此不疲地提出自己的建议。

某位参会者的一个创意，就可能将讨论推向高潮，大家纷纷发言："这样可以吗？""这样会不会更好？"最终商讨出一个令众人满意的方案。

哪怕是有些不切实际的想法也无妨。大家可以在此基础上，共同寻找成本更低、风险更低的方案。

如果一个创意能够平衡好成本与风险之间的关系，必然会获得大家的一致认可，"我们不妨一试""这个方案绝对可行"。

而低成本、低风险的方案总是需要一些触发因素。

大家即便不采纳我的意见，也会向我表达谢意："虽然没有采用斋藤老师的意见，但没有斋藤老师的建议，就不会有最后的结论，非常感谢。"一席话也让人如沐春风。

我也能煞有介事地回上一句："能为节目略尽绵薄之力，不胜荣幸。"

实际上，企划会还有"第二轮"。会议结束后将举行宴会，在将近两个小时的用餐时间内，参会者还会源源不断地提出各种创意，这也是惯例。

参与"明治美味牛奶"包装设计的设计师伊藤卓先生也是节目组成员之一，我们经常互相交流意见，相谈甚欢之时甚至会忘记吃饭。

大家的灵感相互碰撞，激发更具创造性的想法，创意工作本身也将变得更加有趣。在这种氛围之下，项目就成功了大半。

很多上司、前辈都会凭借自己的主观判断或经验否定年轻人天马行空的想法。多次遭到否定之后，他们也就不会再发表意见。

而且，很多人会在无意识中否定别人，请大家务必注意。

 大胆说出自己的想法

 瞻前顾后，即便有想法也仍然选择沉默

第5章 让你灵感不断的输出技巧

52 方案要准备三个

曾有出版社的编辑问我"有没有新书策划方案"。当时，我从自己的保留方案中挑选了三个符合出版社的特色以及编辑要求的策划方案，提交给了出版社。

即便是对方主动询问"您想写一本什么样的书"，也不能只考虑自己的想法。无论多么成熟的方案，只要编辑不认可，也只能算是空谈，所以需要将这类方案排除在考虑范围之外。

三个方案中总有一个能让对方满意，从而大大提高方案的通过率，顺利出版自己的作品。

成功的关键在于准备三个方案。

在公司会议上提意见也是同样的道理。漫无目的地思考"新产品创意方案"往往毫无头绪,但如果以"当下最热门的三个方向"为突破口,可能就会有灵感。

只提供一个创意,很难证明自己的努力,结果也基本在自己的意料之内。但准备三个方案不仅能够让对方感受到自己的诚意,也能使自己心怀期待,"总有一个能通过吧"。

三个方案能够为大家提供对比分析的空间,"把这两个方案组合一下会更好""这个方向到底行不行呢",也有助于推动讨论进程。

◯ 养成准备三个方案的习惯

✕ 绞尽脑汁,只准备一个方案

53 | 利用"函数"思维，构思全新的创意

我认为，方案和创意都是一种"函数"。

这种函数可以用"y=f（x）"来表示。f代表对应关系，代入一个 x 值，即可得出相应的 y 值。

这样听起来似乎有些晦涩难懂，其实非常简单。

函数的重点在于"输入某项元素即可输出对应的元素"，这一法则同样适用于创意工作。

"函数"可能会让那些不擅长数学的人避之唯恐不及，但如此想来，也就不足为惧了。

可以把 f 视为"封装"。接下来，我来为大家收集"封装"的成功案例。

利用这种方法来分析过去成功的创意。

例如，若输入的 x 值为"歌曲"，则封装（歌曲）= 单人卡拉 OK。

在我小时候，大家只能在小酒馆或者观光巴士上唱卡拉OK。也就是说，唱卡拉 OK 就意味着在大庭广众之中唱歌。

有着动人歌声的人，自然不惧在众人面前一展歌喉，但总免不了要听陌生人唱歌，出于礼貌还要适时鼓掌，确实有很多不便之处。

这时单人卡拉 OK 便应运而生。

现在的年轻人可能会认为单人卡拉 OK 和卡拉 OK 本就是同一时期的产物，其实不然。

单人卡拉 OK 堪称一个划时代的发明。

为了让大家掌握利用函数构思创意的技巧，我再举几个封装的成功案例。

若输入的 x 值为"棒球"，则封装（棒球）= 击球练习场。

若输入的 x 值为"酒馆"，则封装（酒馆）= 单间式酒馆。若输入"宇宙"，则封装（宇宙）= 天文馆。

多次练习，可以帮助大家培养函数式思维，产生更多的灵感。换句话说，就是改变某些元素，创造出全新的元素。

 构思创意时将现有事物与某些创意相结合

 从零开始创意，最终毫无成果

54 | 好状态催生好创意

人在群体中的状态往往优于独处之时。

"在群体中的状态较好"是指一个人与其他人一起工作时,可以与他人相互促进。

比如,在职场中,如果有人在会议上提出了自己的创意,其他人总会积极地称赞一句:"真厉害!"甚至大家还会为他鼓掌,这是更为理想的一种情况。

鼓掌能够营造出一种独特的氛围,但最初大家可能会有所顾虑。然而一旦养成习惯,就能借此调动大家的情绪,激发更多的创意。

好创意带给大家的喜悦不亚于足球场上的进球。我们经常见到这样的情景:足球选手进球后,队友们跑到一起,用夸张的动作欢呼庆祝。

大家完全可以效仿这种庆祝方式,用于活跃气氛。

创意是解决一切问题、提高企业利润的根本方法。我将其总结为"创意重于讨论",有人提出创意时,先不论其质量如何,首先要予以鼓励。

尤其是不擅长创意工作的人，应该义无反顾地承担起活跃气氛的责任。

"你刚才的想法实在是太棒了！"

"就按××说的办吧！交给我！"

带头活跃气氛至关重要。

在课堂讨论中，我让大家以四人为一组进行创意构思时说：

"在四个人当中，有人可能直到最后也没有自己的创意。那么就由他来活跃气氛。"

最关键的一点就是，不要吝惜自己的掌声。

第 5 章 让你灵感不断的输出技巧

如果不擅长创意的人总是默不作声，团队士气就会大打折扣。相反，一个虽然不擅长创意工作，但积极活跃气氛的人也将受到大家的认可，团队氛围也会变得更加融洽。

团队共同工作有利于人们保持良好状态，解决问题时也是一样。

团队成员各行其是时，即便有人遇到问题，也没有商量的对象。

结果，大家只能硬着头皮，自扫门前雪，孤独地做着自己的工作，整个团队也将笼罩在一种冰冷的氛围中。

这时候，如果主动找其他人出主意，将会怎样？

"不好意思，我现在跟进的××项目遇到了问题，不知道该怎么办。"

"啊，要是这样的话，可以这样处理。"

"原来还能这么处理啊。太感谢了！"

通过共同寻找解决办法建立起融洽的关系，既可以避免重大失误，又可以实现团队成员之间的经验共享。

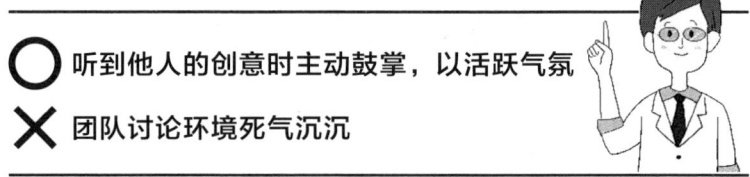

○ 听到他人的创意时主动鼓掌，以活跃气氛
✕ 团队讨论环境死气沉沉

55 | 把笔记当作创意的起点

古今中外的发明家有一个共同点——他们都是"笔记狂魔"。

比如,被大家誉为"发明大王"的托马斯·爱迪生会随时记录自己的想法。现存的爱迪生笔记多达数千册,如今整理工作仍在进行中。

除名画蒙娜丽莎之外,在科学等诸多领域均表现出众的列昂纳多·达·芬奇也是著名的笔记狂魔。

手记中既有直升机、坦克的设计方案及草图,又有关于人生的论述,可谓包罗万象。

爱因斯坦同样是一位笔记狂魔。他经常一边摇婴儿车,一边记笔记。通过这些事例不难发现,笔记与原创输出有直接关系。

笔记是输出的起点,甚至可以说"笔记 = 输出"。

首先,要随身携带记笔记所需的工具,并且慢慢养成有任何想法,都立即记录下来的习惯。当然,可以手写,也可以用手机记录。

如果总想着稍后再记,很可能在做其他事情的过程中就将自己的想法抛到九霄云外了。

无论身处什么样的环境,都可以做笔记。我在漆黑一片的电影院看电影时,也会借着屏幕反射的光线在手账上记录。

有时候,受电影内容的刺激会产生一些想法,所以一定要马上记录下来,避免遗忘。

可以根据自己的喜好选择工具,比如手账或者小巧的笔记本。喜欢手写的人最好使用三色圆珠笔,分颜色记录笔记时,颜色的变化也能激发大脑的活动。

就我而言,我认为纸张背面(资料等纸张的背面)比普通白纸更适合做笔记,不拘小节的感觉更能激发我的创意。

比如,在基本不需要发言的常规会议上,在认真听取会议内容时,可能在某个瞬间,突然想到很好的创意。

这时候,就可以记录在会议资料的背面。之后再重新审视自己的想法并进一步深化。当然,也要视会议内容而定,

但繁忙的社会人，应该能做到二者兼顾。

另外，在资料上添加笔记也可以算作一项创造性的工作。

例如，医生将《健康指南》交给患者前，不妨在重要的地方画线，并手写标注"一定要坚持做这些"。患者看到之后必然会感激万分，并且严格遵照自己的建议执行。

现有的印刷资料在添加笔记后就变成了原创性资料。利用这种方法，可以把各种各样的资料转换为个人的原创资料。

除了手写之外，我还经常使用智能手机上的笔记类软件。积累一段时间之后再进行编辑，有时很快就能完成一篇简短的文章。

喜欢用手机记录的人完全可以继续利用手机上的笔记类软件。

〇 随时记录自己的想法

✕ 试图靠头脑记忆，最后忘得一干二净

56 | 输出前明确对方要求

应他人要求进行输出时,首先要明确对方的要求。

例如,我在接受某企业以沟通为主题的演讲邀约之前,先确认了"沟通的定义"。

"企业中的沟通包括销售之类的对外沟通,还包括企业内部的沟通,这次的演讲主题是哪一种?"

提前确认好要求,可以有效防止演讲内容偏离主题。

确认的方法也很关键。笼统地问对方:"您有什么要求吗?"对方很可能会回答:"没有,您可以自由发挥。"这种条件下,很可能发生最终成果与对方要求不符的情况。

所以,在询问时也需要准备"三个"选项。

"A、B、C中哪个最接近?"

"从用户年龄来说的话,是面向年轻人、中年人,还是老年人?"

提供三个具体的选项,交由对方选择,就可以避免不匹配的情况。

我和创意指导佐藤可士和共同出版过一本访谈录,其中佐藤先生也提到了类似的经验。

他曾经在没有确认好对方要求的情况下直接开始工作,结果所有的作品都成了无用功。有过这番经历之后,他每次在着手之前，都一定仔细确认对方的要求。

确认对方需求时的另一个要点就是问清"绝对禁忌"，明确"雷区"，也就是说，要注意"避雷"。

"不能谈论政治话题""不能出现黄色笑话"等等，客户的要求千差万别。有时候，不经意的一句话可能引发大麻烦，所以务必谨慎。

 输出前先明确目的
 机械地根据主题输出

第 5 章　让你灵感不断的输出技巧

第 6 章

直击心灵的输出

57 用反馈回应反馈

当自己的表现得到周围人的赞许时,你会怎么做呢?

其实不用过于谦虚。"哪里哪里"之类的谦虚表达也可以算作对他人的否定。

习惯性的谦虚会给对方造成麻烦。

受到夸奖时坦然接受,用"谢谢""感谢您的鼓励""您的肯定让我更有自信了"回应对方即可。

收到周围人的建议时应该立即付诸实践。不仅如此,还要及时反馈结果。

我在大学里也经常给大学生们提建议,收到他们的反馈时总是发自内心地开心,也更有动力给大家提建议。

之前,我曾建议学生们"接下来的一周之内试着多夸夸别人",随后便收到了学生的积极回馈。

"老师,我每天都坚持夸别人,结果成功通过了兼职面试!"

"经常夸别人好像让我更受欢迎了!"

实践之后的反馈至关重要。

尤其是自己主动向对方寻求建议或信息的情况下,就更要承担起反馈结果的责任。

假设我们问别人"能给我推荐一部有趣的电影吗",之后对方向我们推荐了某部电影。

一个月后,当我们再遇到他时,如果绝口不提那部电影,推荐电影的人将是一种什么样的心情呢?

既然主动让他人推荐电影,就应该马上欣赏,并告诉对方:"你前些日子推荐的电影,××那一段特别有意思。"这是基本的礼貌。

一定不要忘记反馈。

自己注意反馈,就能收到更多的反馈。

○ 接受建议之后要反馈结果
✗ 请别人推荐书籍、电影后便再也不提

第6章 直击心灵的输出

58 读完 20 本书就是"专家"

读完同一领域的 20 本书籍之后,就可以说自己是该领域的专家。

实际上,单就文化领域而言,20 本书籍的知识量足以让你比普通人更专业。

在我接到的演讲邀约中,也有我不太了解的领域。这种情况下,从接受邀约到演讲之前,我至少要读大约 20 本书。如此便可做到胸有成竹。

我之前收到过"为佐贺县民做一场佐贺七贤相关演讲"的邀约。

佐贺七贤是指活跃于幕府末期至明治时期的七位佐贺出身的人物。七人分别是锅岛直正、大隈重信、江藤新平、副岛种臣、佐野常民、岛义勇、大木乔任。

"一个静冈人给佐贺县民讲佐贺七贤?"

虽然最开始有些吃惊,但还是下定决心,接受了邀约。

即便是一眼看上去有些困难的课题,只要打定主意,将其作为输出练习的机会,就有可能达成优质的输出。

在阅读了大约 20 本资料和相关文献后,不出所料,我对佐贺七贤有了深入的了解,并产生了强烈的表达欲望。

当天，我和相关方面的专家共同参加了研讨会，不但没有任何力不从心的感觉，还积极地发表了自己的见解。围绕鲜为人知的"副岛种臣的青年时代"，也与众位专家相谈甚欢。

文化之门永远向大家敞开，只需认真研读文献即可。

"哲学"让很多人望而却步，但其实现在也有很多适合初学者阅读的入门书籍，比如《图解哲学》《哲学超级入门》等等。

从这类入门书籍开始，阅读 20 本书之后，就能慢慢了解康德等哲学家的思想。在此基础上，再阅读哲学家的原著必然是有如神助。

然而，据朝日新闻报道，在佐贺市民中，对七贤所有成员均有了解的人仅占 10.2%，而连名字都不清楚的人多达 25.4%。

佐贺县民也未必知道佐贺七贤，其他领域也应该是大同小异。

所以，读完同一领域的 20 本书之后，就完全可以自称专家了。先自诩为专家，然后再为专家的名号而进一步深入学习也未尝不可。

○ 门槛高的输出机会更有可能成就优质的输出

✕ 认为"自己做不到"，还未开始先放弃，白白错失成长的机会

59 | 将自己居住的街道作为输出素材

当你在自家附近散步时,看到刚刚开业的新店,你会不会也这样想:

"唉?这里原来那家店叫什么来着?"

仔细想想,自己好像并不清楚每天往返的商业街都有哪些店铺。

简而言之就是,看似熟悉,实则陌生。

我任教的明治大学位于东京都千代田区神田骏河台,距离著名的旧书店街神田神保町非常近。

为了让学生们认识到神保町的魅力,我要求他们进行实地调查,并将调查小组命名为"神保町忍者部队"。

课程一开始,我就跟学生们说:

"这所大学的优势之一,就是距离神保町特别近。神保町是世界上罕见的旧书店街,大家应该也知道。那么,大家究竟对神保町了解多少呢?接下来需要大家结组去神保町走走。一个小时之后回到这里,把收集到的信息汇总起来,编成一则小故事,讲给其他人听。"

从那一瞬间开始,学生们才开始认真观察起神保町来。他们穿梭在神保町的街道上,四处搜寻故事素材。确实,神保町是一个非常好的故事原型。

事实上,神保町蕴含着丰富的信息,堪称素材宝库。学生们调查回来之后创作的故事非常精彩，完全超出我的预期。想必有过这番经历之后，那些在神保町的见闻将深深镌刻在学生们的记忆中。

十年之后，这些学生中有人告诉我说："我到现在还记得当时神保町的浮世绘书店店主跟我说的那些话。"

经过自己的努力之后输出的信息往往更容易掌握。

一旦开始把自己居住的街道看作输出的素材，就会发现不一样的风景。

比如，可以在博客或者 Facebook 上以"这条街的十大看点"为标题，用排行榜的形式写一篇文章。

这时，我们不仅会认真回忆自己去过的地方，甚至还会想去之前没去过的店看一看，或者问问熟人有没有想要推荐的景点，积极地采取一些行动。

而读者的反馈也会成为继续写下去的动力。

这就好像独自制作一档类似于东京电视台《出没！广告街天国》的综艺节目。要把自己当作电视导演，认真地观察每条街道。

之后，你很可能就会开始思考："怎样才能让这条街道变得更好呢？"

说不定将来还会和附近的人一起为地区做贡献，或者成为市町村议会选举的候选人。

总之，越是日常的事物，越容易被大家忽略。借输出创作的机会，重新认真观察一下自己生活的地方也不错。

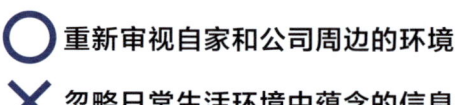
○ 重新审视自家和公司周边的环境
✕ 忽略日常生活环境中蕴含的信息

60 试着做一个"文化传播者"

假如你在 Facebook 或 Twitter 上发表了一则关于某本书的读书感悟，即便只有一个人回帖表示"我也想看看"，你也会感到很快乐。

只要影响到了别人，哪怕只有一个人，也可以算是称职的"文化传播者"了。

对他人产生影响，这是人类的一种本能欲望。成功影响他人会化为坚持的动力。

即便是那些已经拥有万千粉丝的超人气歌手，或许也想"一直为我的第一位听众演唱"。

意识到自己是一个文化传播者后，就会善于发现一些无人关注的小事，并有所输出。

即便是一些尚未出名的年轻艺人，也有几个长期关注自己的粉丝。

所以在这些艺人成名后，这些粉丝会觉得自己果然眼光独到，这对他们来说是一件值得骄傲的事情。

即使这个艺人无法在娱乐圈激起任何水花，最终悄无声息地离开了，粉丝也会觉得支持艺人的每一天都是自己珍贵的记忆，因为自己创造了一种新文化。

第 6 章 直击心灵的输出

粉丝们虽然遗憾,但大概也会欣慰地觉得"虽然只有几个朋友能理解我,但那个艺人真是太棒了。能遇见他,我就已经很满足了。"

文化的永续性,就在于有人会觉得它有趣,并且想要传播出去。

当然,也有一些曾经兴盛的文化,在历史的长河中逐渐走向衰亡。

正因如此,遇到喜爱的事物,就要将自己视为它的"文化传播者",努力让更多人了解它。

○ 哪怕只能影响一个人,也要将其视为传播文化的动力

✗ 不认为这是自己的使命,从不进行任何信息输出

61 | 带着输出欲望去旅行

当你壮着胆子将自己视为"文化传播者"时，旅行途中就会生出一种使命感。

文化传播者的使命会让你在旅行途中将"分享这片土地的魅力"视为自己的一种责任。

假如你在旅行中碰巧路过书店，发现了一本地方志，或是一本当地作家的著作，就会买下来后在 SNS 上分享"旅途中偶遇的书"。

这不仅是自己作为"文化传播者"的使命，更是一段美好的旅行回忆。

你会爱上这些偶遇的文化，而它们甚至还可能成为你谋生的手段。

我就曾见过这样的例子。一个去印尼旅游的人，对当地的传统纺织品（蜡染布）一见钟情，便有了收集的想法。一段时间后，他不再满足于个人收集与评论，索性做起了蜡染布的进出口生意。

我们能够接触到许多国外的新鲜事物，正是因为了解它们的人希望"让更多的人看到"。

我很喜欢一种原产于南美洲的"巴西莓"果汁，基本可以算是日日不离手了。

巴西莓果中含有大量对人体有益的抗氧化多酚,近来很受日本国民的欢迎。

我们之所以了解并喜爱这种食物,正是因为有人告诉我们:"这不仅美味,还很健康。"

我相信去过南美的人一定不在少数,尝过巴西莓的人一定也不少。但大多数人都没有过多留意,顶多也就是告诉朋友"南美有这种水果"。

所幸其中的某些人产生了"一定要介绍给日本人"的热情并付诸行动,我们才能认识并品尝到如此美味健康的水果。

当然,我想说的并不是旅途中遇到的所有事物都应该被转化为工作或金钱。

但我们应该带着一种随时想要诉说的"感性"去旅游。

是否拥有这样的感性,会对输出产生很大的影响。

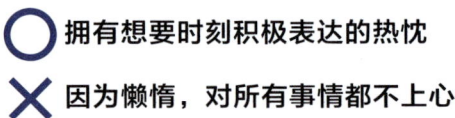

○ 拥有想要时刻积极表达的热忱
✕ 因为懒惰,对所有事情都不上心

62 学习落语和漫才的吐槽方式，提升幽默感

幽默是一项非常重要的语言技能。

在西方，尤其是在美国，人们将笑话视为人际关系的润滑剂，幽默的人往往备受尊重。

日本也有很多喜剧节目，喜剧艺人们也拥有卓越的表现能力。但遗憾的是，日常交流过程中，幽默的人并没有得到特殊的优待。

不过，或许日语中本就没有太多笑料也是一个重要的原因。

在电视等正式场合演讲的时候，我会比较稳重，但一般的演讲会上我都会展现出幽默风趣的一面，让我的听众能在欢声笑语中接受我的观点。

我非常渴望听到台下的笑声，要是气氛太沉闷，我甚至会暂停演讲，让他们先练习一下大笑。

我是一个很有幽默细胞的人，但不得不说：

有人天生被笑神眷顾，而有人则从不会得到笑神的青睐。

被笑神眷顾是什么意思呢？被笑神眷顾的人可以随时随地让人捧腹大笑，特别是感到"尴尬"的时候。

被笑神眷顾的人，遇到尴尬的瞬间更能激发他们的逗笑技能。可以说这简直就是一群无敌的人，讲笑话时能够逗得众人开怀大笑，即便遇到丢人或尴尬的场景，也能轻松化解。

而那些不受笑神青睐的人，一遇到尴尬的场面，气温就会骤降。想想也真是痛苦。

笑神是否眷顾你，与天赋和性情有很大的关系，所以天生不带"笑体"之人，也无须太过勉强自己。

但这并不意味着你要放弃幽默。

对于天生没有幽默感的人，我有两个行之有效的建议。

一是多听落语，模仿落语艺人的说话方式，不知不觉间就会掌握营造生动、有趣氛围的说话技能了。

即使是一个平平无奇的话题，只要能用生动诙谐的语言进行阐述，就能营造出轻松幽默的氛围。

营造出这种氛围后，对"语言节奏"的把控能力也会随之提升。

从前的我语速太快，即便是描述一些很有趣的事情，也无法达到期待的效果。

现在，我会在演讲日的前一天听上几段第五代古今亭志生的落语（我的索尼随身听里总是常备他的作品）。

在名人作品的潜移默化影响下，我的语速和节奏都有了很大的改善，场上的笑声也变得越来越多了。

另一个诀窍是学会漫才中的吐槽艺术。不受笑神青睐的

人如果强行装傻逗笑，场面往往会变得很尴尬。不妨学学漫才中的吐槽方式。

一位关西艺人曾给我讲过一个关于漫才的逗哏和捧哏的故事。

"大阪的观众在听到捧哏装傻充愣的那一刻就会哈哈大笑，但东京的观众往往要听到逗哏吐槽才会开口大笑。也许是东京的观众相对慢半拍吧，逗哏开口后，他们才会觉得'还真是这么一回事'，然后才彻底笑出声来。"

即便逗哏说的只是一件稀松平常的事，但只要能挑出毛病，就能赢得满堂喝彩。一般来说，只要有足够的理性和智慧，就能一针见血地说出他人内心的想法。

我们经常会在电视上看到观众被松子·DELUXE 和有吉弘行等人的犀利吐槽逗得哈哈大笑的场景。我想，日常生活中如果能借鉴这种漫才表现形式，应该也能取得很好的效果。

○ 没有与生俱来的幽默感，那就试着做个吐槽的人吧

✗ 明明不受笑神青睐，还非要做个逗笑的人

63 | 提高亲和力，保持良好情绪

如果用温度来形容最舒适的待人处事态度，那大概就是"微温"了。若是用日本酒来比喻，那就是"烫酒"了。

如今的人们，尤其是生活在大城市里的人们，看起来都比过去高冷了许多。甚至还有科学家表示，人类的体温确有降低的趋势。

这一点，在我离开东京去外地演讲的时候，感触特别深刻。

例如我在冲绳演讲时，一个小小的笑话就能让全场听众爆笑。

后来我去其他地方演讲的时候，就留意了同样一句话在不同地区是否会产生同样的效果。但从结果来看，还是冲绳的反响最大。短短一句"大家好，我是斋藤工[1]"的寒暄就能让大家开怀大笑，可想而知，整个演讲氛围也差不到哪里去。

与此相对，我在东京给一些金融人士做演讲时（演讲主题是沟通技巧），他们的反应则完全相反。当我依旧用那句"大家好，我是斋藤工"微笑着打招呼时，感觉会场的空气都凝结了。

但我可不会就这么泄气，于是我停下来对听众们说："各位亲爱的朋友，我讲了一个这么明显的笑话，可是你们都不笑，这会让我很没面子的。就像我热情地伸出手，可你却不

把手递给我一样。更何况,我们今天的主题是沟通技巧。所以大家别这么拘谨啊。来来来,我们重新开始啊,等你们的反应哦!"

最重要的是:降低笑点,随性洒脱。

说到随性洒脱,就不得不提《寅次郎的故事》系列电影了。影片中的所有人物都比现在的人更加豁达、洒脱。

一个洒脱、爱开玩笑的人,会让身边的人感到轻松愉悦,也能催生很多奇思妙想。

轻轻跳跃、深呼吸,有意识地放松心情。发言的过程中也可以通过配合手势维持适当的情绪温度。一定要尝试一下哦!

第 6 章 直击心灵的输出

要有意地让自己保持愉快的心情
无意中曲解事实

64 | 阐述梦想与目标时，应分为短期和长期

大胆地"公布"自己的梦想与目标，这会让你更加努力奋斗。

"公布"具体的梦想与目标，就相当于是无形中给自己施加了压力。而且，让所有人知道自己的目标后，还可能会获得意想不到的支援哦。

这样来看，梦想与目标也是一种输出。不过公布的时候，最好将它们分为长期和短期这两类。

比如，"我想成为一个名演员"是一个远大的目标。但如果你这么说，朋友们顶多只会点点头说"嗯，这个梦想不错"，但大概谁也不会真把它当一回事。

但是，如果在"我想成为一个名演员"后，提出一个短期目标呢？例如"我准备去报名表演课，也准备去某某和某某剧组试镜了。我要挑战自己，要是到某一年，我还不成功，那就回去继承家产"。

那就会给人一种务实的感觉，也更很容易得到朋友的鼓励："那要好好加油哦。"

可见，在为梦想努力的同时，还应该制定出短期目标，并随时进行修正。

虽然过于现实的目标会让人感到无趣，但如果目标太宽

泛，丝毫不知从哪里入手，那目标就会失去其应有的意义。因此，最理想的是同时设定短期和长期两个目标。

随着年龄的增长，人们对远大目标的看法也会发生变化。

十几二十岁的小年轻说"想长大""想改变世界"，还能理解，但如果到了三四十岁还说同样的话，周围的人想必就会用诧异的眼神看着他，心想"你没事吧""该醒醒了吧"。

当然，无论年龄多大，美丽的梦都是必不可少的，但也要明白这个梦想是否符合自己的年龄。

○ 阐述梦想与目标时，分为短期和长期
✕ 一味表现自己梦想的宏伟壮阔

第 6 章　直击心灵的输出

第 7 章

每天都可以练习的输出型学习法

65 | 学会输出技能

学习效率的高低更多地取决于"认真",而非才能或天赋。

即便是那些被认为是"天赋异禀"的人,如果不认真,也一样记不住所学的知识。换而言之,只要态度认真,就一定能掌握知识。这是我在面向大学生的教学过程中得到的深刻体会。

认真研究之余,也不能忽略输出。用自己的语言尽快输出学到的知识,是彻底转换为自身技能的有效方式。

我一般会在开始讲座前告诉大家"结束后我会随机抽五个人概括我的授课内容哦",然后学生们就会立刻坐直身子,认真听课。

江户时代的课堂中,"朗读"是一种最常见的输出型学习方法。

当时的日本十分推崇由中国孔子创立的儒教思想,并作为幕府的指定考核内容,因此也被寺子屋(译者注:日本江户时代寺院所设的私塾)等学堂定为必修科目。

先生读一遍文章后,孩子们就要跟着重复一遍。重复朗读,直到孩子们彻底记住并能张口就来,这种方法比单纯性记忆更加有效。

日本诺贝尔物理学奖第一人汤川秀树博士，就非常崇尚这种"朗读记忆法"。

我的祖父是一位儒学者，所以我从小就被勒令朗读"四书五经"，正因如此，我很早就熟悉了汉字，即便阅读大人的书籍也毫不费力。

再看现在的日本，大家似乎都没有意识到输出的重要性。在国语和英语的课堂中，我们经常看到老师随机指定一名学生大声朗读的情景。

但是，剩下的几十个没有机会开口朗读，所以注意力就

第7章 每天都可以练习的输出型学习法

会降低很多。

大部分学校的教学模式都是只留出一名学生的朗读时间，剩余时间则是全班学生拼命抄写老师在黑板上写的知识点。

知识这种东西，不马上运用就无法真正掌握。

就好比一个上网球课的学生，只是站在一旁看老师怎么打，而从不下场自己实践。

我曾做过网球教练，所以我可以很确定地说，如果真的存在这种网球学校，肯定是一个学生也招不到。

在老师传授技巧后，学生一定要亲自实践，才能检验自己是否已经真正掌握。这种效率学习法，理应被运用到其他各种行业的学习中去。

 学到的知识，当场试着运用
 一味地被动学习

66 两人一组，互相检验学习成果

输出型学习中，两人一组的组合方式是最为理想的。

当然，自己大声朗读也是毫无问题的，但有些人会羞于自言自语，或难以集中精神。所以朗读需要一个听众。

具体来说，我比较推荐一种"10分钟互动法"。

首先，两个人都用7分钟的时间阅读同一本书。

然后，其中一个人在2分钟内总结出关键词，再用1分钟进行归纳表达。

另一人作为听众，对照书本内容检查对方的表述是否准确。结束以后，角色互换，重复一次。

我从高中时代起，就一直在使用这种学习方法。

我会留出固定的时间，跟朋友读同一本书，并互相交流。那位朋友后来和我去了同一所大学，又进了同一所研究生院，所以我们这个学习习惯一直维持了十年左右。

相互输出可以有效检验知识的牢固性，最重要的是，这会提升学习的动力，成功表达出学习成果，会让人获得充实感。

乍一听，这种方法对于听众并无太大裨益，但实际操作后就能发现，听众居然也能意外地学到很多东西。

为了指出对方表述中的错误或缺漏，听众需要完全理解书中的内容。

在听完对方表述，轮到自己表述时，会无意中给自己施加一种压力："我要说得比他更充实！"

带着一种紧张感来互相学习，会大大提升吸收知识的速度。

后来我也在授课过程中将这种学习方式推广开来，发现学生的知识巩固性确实得到了显著提高。

我也会让所有的学生轮流成为输出者，只有我是唯一的听众。

但这种情况下，我就不会认真听每个人的阐述并判断内容的对错了，只是单纯地逼迫他们进行表达。

因为即使听众不对内容做出评价，阐述者也可以通过表述来加深自己对内容的理解。

我发现，阐述过一次后再回头复习文章，然后再次输出，这种做法会使所有人的知识吸收率都明显高于一次性学习。

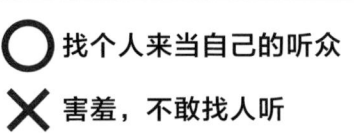

67 | 说明时，找到三个关键点

上一节中，我介绍了两人一组的输出型学习法，接下来让我们整理一下从阅读到输出的整个流程吧。

首先，阅读的内容是不做限定的（类型也不限）。

阅读时，请使用前边介绍的"三色笔记录法"。

在你认为"非常重要"的地方画红线，在你认为"还算重要"的地方画蓝线，在你觉得"感兴趣"的地方画绿线，或是圈出关键词。

通读全文的过程中，先找出值得画红线（非常重要）的部分和应该画蓝线（还算重要）的部分，然后再从红线和蓝线中，选择应该画绿线（感兴趣）的部分，这是一个比较合理的做法。

在画出内容和关键词后，从中选出三处，围绕它们来叙述出一个完整的故事。

只要重要内容和关键词没有丢失，即便在描述中改变了文章的结构，也不必担心会有太大出入。我们要做的，就是尽量还原书中的内容。

我们举个例子具体说明吧。例如，你看了一本关于DNA的书，并希望分享给其他人。

"DNA就是基因。在证明亲子关系时，我们都会进行

DNA 测试，对吧？这说明孩子是会继承父母基因的。"

但总觉得这个阐述有些苍白。

"DNA 就是基因。沃森和克里克发现了 DNA 的结构并构建了模型，从而获得诺贝尔奖。"

这里出现了一个新的关键词"沃森和克里克"，但仍然算不上完美的阐述。

"DNA 就是基因。它由'四种碱基'组成，所有的遗传信息都是由四种碱基的序列决定的。而且，这四种碱基形成了'双螺旋结构'，而发现这一结构的'沃森和克里克'也因此获得了诺贝尔奖。"

如何？

在反复琢磨后，找出了三个关键词"四种碱基""双螺旋结构"以及"沃森和克里克"，便形成了完整且丰富的表述内容。

以上是一个基于关键词来表达的简单示例，基本上所有的文章都可以通过组合三个关键词来进行完整表达。剩下的问题，就是如何充实上下文了。

阐述学习内容时，请记住"关键词决定质量"。

○ 通过组合三个关键词来进行表述
✕ 仅围绕一个关键词来组织语言

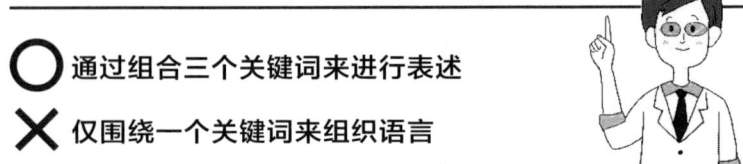

68 通过"做老师"来巩固知识

我们经常说,"做老师"是一种巩固知识的绝佳方法。

前面介绍的两人一组的输出学习法,其实也是一种"教学"型学习方法。

教学的过程,也是巩固知识的过程。因此,教学是一种重要的输出方法。

我的学生,也就是教育专业的大学生们,在教学实践中面对初高中学生进行授课时,也会迅速掌握课本中的知识。

从前就有过一个很有意思的案例,某个日本历史专业的学生,在教学实践开始前,突然被任命为地理老师。

这名历史专业的学生自高中毕业后就再也没碰过地理了,当然也就谈不上熟悉地理了。而他本人也不是知识非常渊博的类型。

但为了教学实践的成功,他还是拼了命地准备了教学内容。在这个过程中,他为了讲好课临时恶补了大量的地理知识,后来还开玩笑地说:"现在我的地理比历史更牛了!"

对获取知识这件事而言,教学要比上学有效得多。
教学的第一个技巧是"简明扼要,阐述要点"。

不擅长教学的人,总是喜欢列举各种信息。我很理解那种想要一吐为快的感觉,但是教学过程中,过量列举信息反而会让学生不明所以。

因此,即便你想说的内容有100项,也要尽量将它们浓缩到3项左右。

"有三个要点:○○,△△和□□。只要牢记这几点就没问题了。"

只要在最开始的15秒钟内简短概括出要点,学生就会觉得"这位老师讲得挺不错的",或是"他说的内容似乎很好理解"。分类总结好教学项目后,接收者就能更快地在脑中建立一个知识架构。

在这个过程中，也可以借助白板等将教学要点文字化。

"重要的是 A，B 和 C。A 是 ○○，B 是 △△，C 是 □□。融合后将形成 ◎◎。"

这种表达方法显然非常易于理解。

浓缩要点的同时，也要重视对方的反馈。换句话说，在教学的过程中，除了讲述和展示外，还要注意为对方创造输出的机会。

我想在此重申一次，输出会加深对习得知识的理解。

联合舰队司令长官山本五十六曾说过："示范、教导、让对方尝试并予以赞美，就能调动他的积极性了。"确实如此。

鼓励对方输出，如果表现优异，则不吝赞美。这是有效的教学方法。

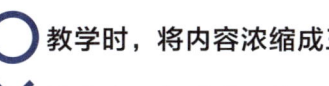 教学时，将内容浓缩成三个要点
✗ 流水账一般喋喋不休

69 立即输出,避免遗忘

德国著名心理学家赫尔曼·艾宾浩斯曾提出一项非常著名的理论——艾宾浩斯遗忘曲线。

他表示,人类在获取新知识的20分钟后,会达到42%的遗忘率,1小时后,这个比率爬升到56%,9小时后为64%,1天后则攀升到了74%。

遗忘的速度是惊人的,只有一种方法可以阻止它,那便是立即输出。

同一段话重复说两次,那么很可能一个月后你依旧记忆犹新。如果重复三次,那这个记忆就可能延长到一年之后。

这一点,只要想想那些擅长讲故事的老爷爷、老奶奶,还有喜欢忆苦思甜的老员工们就知道了。一直重复说同一个故事的人,会把这个故事记得牢牢的,仿佛刻在自己的身体里一般。

不是因为"古老所以记得牢",而是因为"一直说所以记得牢"。

前文介绍的两人一组输出型学习法,就是这个原理。

以上介绍的均为读书方法,其实我有时也会采用以下的方法:

我讲10分钟后会让学生两两组队,每人一分钟,轮流阐述刚才听到的内容。

一方发言，一方倾听并检查的过程中，总会出现"这里太精彩了"以及"这个信息太有用了"之类的感叹。我会要求二人合作，共同完成这项任务。

课堂中重复这个步骤，就能牢牢记住学到的内容了。上文中我也说过，从高中时代起，我就一直在使用这种学习方法。

期中、期末考试前，我会和同学来到彼此的家里，轮流进行"一人阐述课文内容，一人确认对错"。

或者打开英语参考书，以行为单位轮流翻译，直到全部读完。

这个方法，我们一直持续应用到了高中毕业，同时成功考上了东京大学，并且都成了大学老师。

回头想想，这种学习方法真是既有趣又有效。对着他人表达，可以在一定程度上减轻学习压力，而且与同学的互动也会让学习变得更加有趣。

就像打网球一样，一人发球一人接球，两个人都会变得非常兴奋。有趣的经历，当然更容易留在记忆中。

抄写记忆也是一种很好的学习方法，不过表达学习法会对记忆更有帮助。"表达并记住"是一种简单的超级记忆术。

○ 看到或听到的内容，立即输出

✕ 看了听了，却不会用心记忆

70 经常练习，提升输出能力

几年前，我受邀参加一场演讲会的时候，对方的一名女性工作人员通过电话为我讲解了移动路线。

"好的，我明白了。那到时候就拜托您了。"我听完说明后正准备挂断电话时，她突然说道：

"十分不好意思，可以请您重复一下我刚刚说明的顺序吗？"

她的这个要求让我很是吃惊。

说实话，我根本没怎么听她说话，而且让别人重复一遍移动路线，还真是闻所未闻。她给我出了一个测试。

'呃！？啊……那个，先是××站的北出口对吧？……然后右转，再在第二个红绿灯处左转，嗯，然后……"

果然，我卡住了。

我原先觉得听个大概，到时候再慢慢找就好了。可能看到这句话，大家会觉得我应该是一个方向感很好的人，但事实并非如此，我觉得自己完全可以归到路痴那一类。

所以如果我说完"好的，我明白了"就挂断电话，毫无疑问，演讲当天我肯定会迷路。听完说明的当场就已经忘了怎么走，就更别提过了几天后了。

听到我果然支支吾吾地答不上来，她又不厌其烦地重新为我说了一遍。

"好的,那我重新再为您说明一次。首先是……"

这次我拿出纸笔一句句认真记了下来,所以演讲当天顺利抵达了会场。

那次的经验让我再次认识到了测试的重要性。

应试教育就是一个非常贴切而且简单易懂的例子。接受应试教育的过程中,如果仅仅阅读教科书或参考书,就会总觉得不踏实,不知道自己到底学到什么程度了。

善用历年真题、模拟考试等方法来检测自己的人,无疑更容易获得高分。

第 7 章 每天都可以练习的输出型学习法

考试的好处在于:"可以更加积极地吸收知识""可以发现自身问题"以及"可以更清晰地看出自己的知识掌握情况"。

进入社会后,我们不可能还像学生时代那样经常接受测试,但我们可以试着自我测试。

例如,"跟朋友交谈,请他评估你的语言是否足够简练清晰"。

或是"在 SNS 上写些书评,看看网友们的反应"等等,自我测试的方法很多。

即便测试结果不理想,也不会影响到日常生活,所以完全不用过分担心。可以说,输出是一个测试自己现有能力的宝贵机会。

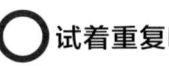 试着重复听到的信息

✕ 随便听听,觉得自己肯定没问题

71 英语能力也可以通过表达突飞猛进

学习外语时，也可以通过不断表达，让自己的语言能力突飞猛进。

我也偶尔会用英语来撰写论文，这个过程中，我对语法的关注度要比阅读时提升好几倍，只有这样才能保证尽量输出正确的英语。

想要提升"口语"能力，那就放下教科书，大胆地与人交流吧。

外语交谈中最重要的一点就是，脸皮够厚，不怕犯错。我的一位中国朋友，来日本不久就能说上一口流利的日语了。

"你的日语怎么这么好？"当我惊讶地问他后，得到了一个印象深刻的回答："我只是做到了三个不停而已——不停说话、不停说错和不停地笑。"

明知会说错也要大胆积极地说，说错以后就连自己也会忍俊不禁。只要做到这一点，就会在潜移默化中熟练掌握这门语言。

还有一位伊朗朋友，他来日本三个月后就能够使用日语正常工作了。据说他是在来日本后才开始学习日语的，在那之前完全没有接触过。

当被问及是如何做到高效学习的时候,他说:

"首先要模仿日本人说话。我在电视里听到一些'未知的单词'和'好词'时,会写下来并找机会使用。"

所以看电视的时候不要只图娱乐,还要随时找到"可以用的日语表达",这种做法会迅速提升自己的日语能力。

这大概会让那些看电视时左耳进右耳出的人感到汗颜吧。不知道有多少日本人可以做到看双语字幕的同时,拿出纸笔写下"可用的表达"。

无论是日本还是其他国家,孩子们在听到一个新单词时,一般都会默念几遍。

这种通过"默念"来记住新单词的方法,实际上就是一种通过输出来巩固记忆的过程。

这种做法大概是人类在学习语言时的本能反应。

但是成年后,反而很少有人会通过"默念"来巩固新单词了。这就是我们记不住外语的原因。

所以,想提高英语口语能力,那就在听到新单词的时候至少默念三遍吧。默念后,找个机会实际运用。而且还要尽量高频使用。

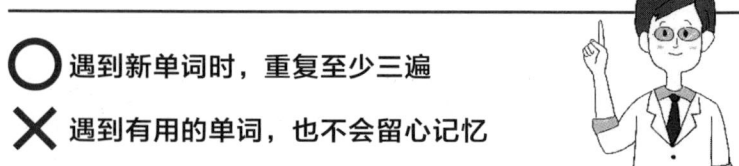

〇 遇到新单词时,重复至少三遍

✗ 遇到有用的单词,也不会留心记忆

72 | 想提升英语口语，那就找一位"听众"

人类有一个特性，如果有人认真倾听，表达的欲望就会越来越强烈。所以，听众的存在会让说话者更有表达欲。

海因里希·施里曼在发现了特洛伊这座曾在希腊神话中登场的古城后，在他的自传《对古代的热爱》一书中，写下了自己学习希腊语的经历。

据说海因里希·施里曼曾在学习希腊语的那段时间里雇了一个陪他聊天的人。

想必很多人都会觉得，是那个人教会他希腊语的吧，但事实并非如此。海因里希·施里曼在书中写道，他会把自己听过的希腊语故事用自己的话说给那个陪聊的人听。换句话说，陪聊的人只是一个听众。

这大概是只有大富豪海因里希·施里曼才能做到的"有钱人的游戏"，但不得不说，这的确是一种很值得借鉴的学习方法。

一般来说，即便我们去一些英语培训班上课，也只不过是听老师上课罢了。这种方法无法提升学生的口语能力。

还不如让学生随便说，老师做个倾听者的方法有效。

我有一些面向立志做英语老师的学生的课程，授课过程中，我一般都会留出一段时间，让学生两人一组，用英语

第7章 每天都可以练习的输出型学习法

描述自己"最喜欢的东西"。

最开始,大部分学生都觉得对着一个日本人说英语是一件很尴尬的事情,但是随着他们不断练习,慢慢地就习以为常了。

我听说近畿大学也有类似的课程。近大有一个"英语村",参加"村内活动"的学生可以在烹饪课堂、舞蹈教室中充实自己,也可以和同学一起玩游戏或聊天。

唯一的特别之处在于,"村内"的所有对话都必须使用"英语"。这是让学生在娱乐中提高英语水平的好办法。

所以,想要说好英语,就一定要创造一个自己可以开口说,且有人听你说的环境。如果将这种练习当作一种游戏,坚持每天开口,那么你的英语能力就会在不知不觉间得到快速提高。

最重要的一点是,你需要一个听众。只要有听众,提高英语水平就是轻而易举之事了,何必花钱去上培训班呢?

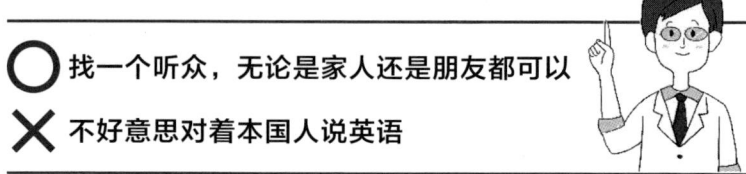

○ 找一个听众,无论是家人还是朋友都可以
✕ 不好意思对着本国人说英语

73 | 利用碎片化时间学习

我在本书的开头就曾提过,最理想的输入与输出比是1∶9,也就是说,输出是一件非常重要的事情。当然,压缩输入时间也是一个非常有效的方法。

简而言之,我们要利用碎片化的时间完成输入。

如果想在车中进行短时间阅读,我会推荐新书和平装本,特别是名人语录和短文这种短时间内可以看完的类型。

当然,也未必要买纸质书,在手机或平板上阅读的电子书也很不错(我自己就经常阅读电子书)。

比如坐车去见朋友的途中,我可以抽空看完科幻小说作家星新一的超短篇小说。见到朋友后,我会跟他分享刚刚读到的故事。

"我刚刚在电车里看了一篇很有意思的短篇小说。某个村庄突然出现了一个深不见底的巨大洞穴。就在村民们纷纷赶来查看情况时,来了一个投机商,把那个巨大的洞穴改造成了巨大的垃圾场。从那以后,村民们把核反应堆的垃圾、机密文件和生活垃圾等全部丢进洞里,不知不觉间,那个洞穴似乎已经成了人们离不开的东西。直到某一天……"

这是著名小说《喂,出来》的作品梗概。

虽然作品跌宕起伏，埋下了很多伏笔，但毕竟篇幅较短，概括起来也比较容易。如果我的朋友对此感兴趣，就会积极做出响应，我们也就能开心地聊上许久。

艺术家冈本太郎的小短文无论怎么截取都是极具"冈本太郎"特色的文章，非常适合碎片时间阅读。无论在哪里阅读冈本太郎的书，都会立即被吸引到一个特别的世界。

就像金太郎糖一样，无论在哪里切断，都能感受到冈本式的"别害怕"和"迎接挑战"的精神。即使只匆匆读了两页，下车后也会有立即分享给朋友的欲望。

"人生果然需要挑战啊。冈本太郎真是太厉害了！"

如果我突然跟朋友没头没尾地来这么一句，朋友应该会一头雾水地问"你在说什么"吧。那就稍微解释一句："没什么，我刚刚在电车上看了一会儿书而已。"

重复自己阅读过的内容，会留下更加深刻的影响，所以我们要更积极地运用自己获取到的知识，例如可以转述给家人，或将其发布到 SNS 上。

<u>**读了寥寥几页后，可以输出多少内容呢？尝试阅读各种书籍吧。**</u>

○ 路途中获取的知识立刻用自己的语言转述出来
✕ 路途中放空大脑，完全没想到阅读

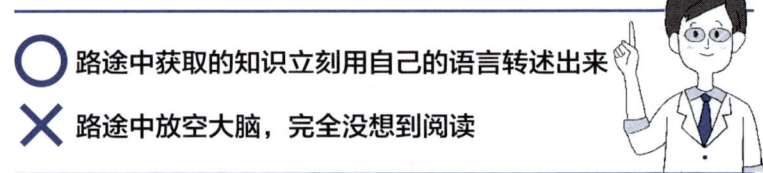

74 用秒表测算书写时间

为了让 10 分钟或者 15 分钟这种碎片时间得到更高的利用率,需要养成确认时间的好习惯。

在第 4 章里我就介绍过,在咖啡馆写稿子或做策划案的时候,可以用手表或手机设置一个计时器放在桌子上,让自己时刻感受到时间的流逝。

这样就会给自己造成一种紧迫感,"还剩 10 分钟……还剩 5 分钟",这种紧迫感会逼迫自己不断输出。

倒计时的做法可以大大提高工作效率。

<u>我自己也经常使用秒表。</u>

一旦决定"15 分钟内写完",就会按下秒表迅速开始。

规定了 15 分钟以后,我就会专注于如何在有限的时间内提升效率。具体来说,花费大约 10 分钟用于写作,而剩下的 5 分钟则用于修改。

还有一种做法,就是不限定时间,但依旧通过秒表记录下"写一则书评"的时间。

完成后看看秒表,用数字的形式评判自己的工作:"我做了一个多小时啊。"

如果能养成每次都记录工作时间的好习惯,那么撰写书

评的速度一定会逐渐提升的。只需使用秒表计时，就可以有效地提升工作效率。

人类一旦意识到时间的存在，就会想方设法缩短时间。因此，只要摆上一个秒表，就能迅速提升写作速度。

○ 计时的同时，撰写文章
✕ 工作中不做任何时间限制

第 8 章

具备个人色彩的输出

75 | 不要太过在意粉丝数量和点赞数

对于那些喜欢在 SNS 上表达观点的人来说，浏览量、粉丝数以及点赞数等数字方面的动态，都会对表达欲望产生很大的影响。

浏览量和回复量的不断攀升，会让作者的创作欲望随之高涨。

但我认为，在 SNS 上表达观点的时候，不应过于在意那些数字。

如果我们的言论是要达到某种商业宣传效果，那么浏览的数量及反馈，自然是非常重要的。

换而言之，如果是希望通过 SNS 来介绍产品、服务或提升粉丝数，那无疑是反响越大，效果越好。

如果是公司宣传，那么高认知度可能会直接影响到公司的股价。

但是，如果你只是想要简单地表达一些自己的想法，则不必太过在意那些数字。

假如你有三个好朋友，他们在听完你的话后，纷纷表示"这真是个好主意""这听起来真有意思"，你一定会觉得很满足吧。

因为你在面对三个好朋友时，会做出非常具有个人色彩的精彩发言。

因为你非常相信"我的朋友一定会捧场,所以我怎么说都是对的"。

如果只关心自己的话会得到多大的反响,就会陷入"我的话会得到多少人同意呢"以及"这么说会不会被反驳呢"的担忧中无法自拔,就无法畅所欲言了。

还可能会让自己深陷"不断输出"的压力漩涡中。

但又因为实在写不出东西了,只好拿出过去的稿件修修改改,敷衍了事,或是用一些欠打磨的过激语言来应付过去。

一位 YouTuber 曾这样说:

"那些为了博人眼球的投稿,大多是索然无味的。反而是纯粹展现真实自我的内容更有人气。"

某一次,我偶然读到一则关于歌手中岛美嘉的采访稿,

第 8 章 具备个人色彩的输出

有一句话让我印象十分深刻:"只要有一个人表示被我的歌治愈了,我就会一直唱下去。"

事实上,如果她真的只有一位歌迷,那甚至都称不上是位"歌手",但她的那种韧性,着实让我很是钦佩。

反响的大小无非只是一个结果罢了。以获得巨大反响为前提的输出,是一种本末倒置的行为。

无须为了反响平平而失落。不在意反响的输出,才是健康无压力的良好状态。

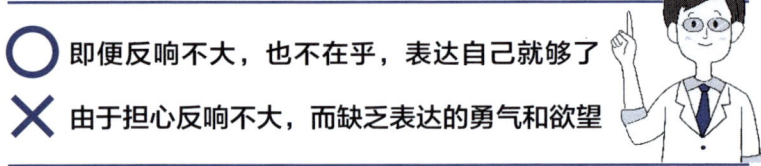

○ 即便反响不大,也不在乎,表达自己就够了

✕ 由于担心反响不大,而缺乏表达的勇气和欲望

76 | 关注评价之前，得到自己的认可

上一节中我刚刚提到，"不用在意反响大小"。话虽如此，真正有价值的语言还是会"得到某些人的认同"。

作家雅歌塔·克里斯多夫的《恶童日记》是一部世界闻名的畅销小说，后来也被成功地改编成了电影。

《恶童日记》是她的处女作，彼时的雅歌塔·克里斯多夫还是一个名不见经传的小作家，成稿之后她将手稿邮寄给了巴黎的三家文学出版社。

几周后，她收到了其中两家出版社的拒绝回复。毕竟当时的她在文坛上毫无名气，所以能得到出版社的礼貌性回复，倒也不算太失落。

出乎意料的是，最后一家出版社的回复竟然是同意不做任何修改发表。

这个故事告诉我们两个重要的道理。

其一，并不是所有人都看得到你的价值，即使是专业人士也有看走眼的时候。其二，只要作品够好，总能遇到伯乐。正所谓"天无绝人之路"。

这个时代，我们可以通过网络这个媒介，将自己推向全世界。

与《恶童日记》面世的 1986 年那个时代相比，如今的我

第 8 章　具备个人色彩的输出

们可以运用更多的方法宣传自己。

现在，无论好事坏事，好口碑坏口碑，都能在一夜之间铺天盖地地传播开来。

在 Twitter 上拥有众多粉丝的人，随口一句话往往就会瞬间传遍千家万户。

我也有过类似的经验，一位人气博主在他的博客中推荐了我的书后，销量不断攀升，于是出版社决定迅速加印一批以满足市场需求。

大多数人在看到关于某本书的官方宣传时，都不会产生太大的兴趣，但如果是一个自己喜欢的博主站在中立的角度评价"这本书很有意思"，就会立刻产生"我也想看看"的阅读欲了。

在前面我曾举过一个例子，"先试着向三个好友表达自己的想法"。即使最开始时只有三个人，但他们可能会将你推荐出去，让更多的人认识你，这会成为你的创作原动力。

而一开始就贪婪地希望"我想要很多粉丝，我想把自己的创作转换成财富"的人，反而大都走不了多远。

最关键的一点是，在自我认可的基础上，获得更多人的赏识与喜爱。

如果有幸被专业人士赏识,并获得出版的机会,或是被媒体尊称为"老师"并发出采访邀约,那就充满自信地迎接机遇吧。

○ 一口吃不成大胖子,一步步脚踏实地
✕ 金钱至上,没有利益的事情从不会正眼相待

第 8 章　具备个人色彩的输出

77 | 实名投稿正能量内容

SNS 上的投稿，请尽量用自己的真实姓名。

当然有人可能会担心"实名投稿后，万一被卷入一些纷争，岂不是很麻烦"，这一点我当然能够理解。

实际上也确实有人因为暴露了个人信息而被卷入一些案件中，并受到了很大伤害。而且我也觉得这是非常严重的问题。

但我依旧觉得，实名投稿很有意义。当然与此同时，我们也要尽量保护好自己。

实名投稿意味着每句话都必须是负责任的发言，让内容显得更加真实可靠。

实名投稿的人一般不说无用之言。此外，实名投稿的人不说轻率之言。譬如我们看完一本书后觉得很不满意，匿名投稿的时候可能就会言辞粗鄙，而实名之人断不会如此。

如果实名批判，一定会意识到自己的发言若是毫无根据，定会被众人指责，当事人也可能提出严正抗议。

一些综合访谈节目也是如此，谈及凶杀案的时候，如果评论员仅凭自己的判断就断定"这个人是凶手无疑了，绝对是"，一定会引起很大的风波。所以这种时候一定要谨慎发言，为自己的每句话负责任。

没有责任感的匿名发言，无异于孩童行为，毫无诚信可言。

网络世界中，我们可以躲在"匿名"的盾牌后面，尽情地说一些毫无责任感的话。

毫无根据地恶意中伤与自己观点不同的人，传播虚假消息煽风点火，引起众人不安——这类事件层出不穷。

这可以说是一种懦弱的表现，我们为什么要听一个懦弱的人发表懦弱的言论呢？

我希望所有读者，都能以一种负责任的态度实名发表正面言论。负责任的言论，首先要提出充足的证据。

如果每一句话都是真实的，且能够提出充足的证据，那么你在 SNS 上的信用度就会逐渐提升。

"这个人推荐的一定没问题""这个人推荐的东西一定要试试"——会有越来越多的网友选择相信你的判断。

许多人就是因为负责任而成为网红。群众的眼睛是雪亮的，诚实的人也会让他人感到满满的诚意。

〇 坚持在 SNS 上实名发表正面言论
✕ 在网络上匿名发表粗鄙言论

第 8 章 具备个人色彩的输出

78 | 否定性批判，就让它随风而逝吧

在 SNS 上发表的内容，建议选择一些正面、积极的写法。

比如采取"这本书很有意思""这个参赛者太厉害了"或是"这部电影真是让我太感动了"这种赞美性的表达。

以积极的心态写下积极的内容，会让读者的内心也变得更加灿烂。写作之人和阅读之人在这种积极心态的影响下，会催生"想写更多内容"和"想看更多内容"的良性循环。

当然，看书或是看电影的过程中，难免会遇到"无聊"或是"难以接受"的情节。但即便如此，也无须煞有介事地高声指责。

无须刻意贬低什么，让它随风飘散吧。只有积极的东西才值得我们传达。

无论批判什么，都会引起当事人的反感，甚至还会让当事人的朋友、家人以及支持者都对你横眉怒目。

想要避开毫无意义的争执，最好的办法就是沉默。

也无须为了吹捧某样东西，而故意否定其他东西。

比如我就曾无意中在网上看到一些人为了支持乃木坂 46（译者注：日本偶像组合），故意大肆辱骂榉坂 46（译者注：

另一个日本偶像组合）。支持他人是一件好事，但故意辱骂其他人就是非常没有教养的行为了。

王贞治在接受采访时就曾说过，总有人喜欢拿自己跟长嶋茂雄比较，这让他感到不胜其烦。

想想也的确如此。为什么评价长嶋茂雄的时候就一定要带上王贞治呢？反之亦然。

评价某件事物时，不要习惯性地找一件相似的事物进行对比并贬低。

如果只是朋友私下闲聊，说一些诸如"我觉得某某比某某好太多了"之类的个人看法，那自然无伤大雅。但如果是在公共场合这样比较，那就另当别论了。

SNS 是一个面向全世界的开放平台。

虽然我们可能是坐在狭小的卧室里毫无顾忌地写下某些评论，但请一定牢记谨慎发言。

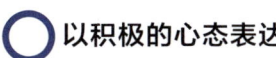 以积极的心态表达

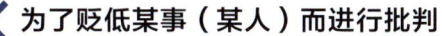 为了贬低某事（某人）而进行批判

79 | 反复琢磨，表达出自己的个性

如今，每个人都可以在 SNS 上自由发言。这原本是社会的一大进步，但也正是因为不设任何门槛，所以基本上是一些毫无价值的言论。

例如，很多人会在照片墙上发布一些甜点的照片。但这些照片算得上一种优秀的表达吗？我看也并不尽然。

也许是"排了好长的队，终于让我拍到了这家人气甜品店的蛋糕"，但这种介绍并不会提升表达的价值。

同样，如果只是在东京奥运会、残奥会体育馆新国立竞技场中拍几张照片并上传到 SNS，那就毫无特色了。

但如果你是每天都站在同一地点，从同一个角度进行拍摄，让所有人看到工程进展的状况，那这些照片就仿佛被串联成了一个故事。或者拍几张使用中的特殊重型设备，并附上几句说明，就会让读者看到隐藏其中的附加价值了。

通过一步步深入研究"毫无特色的表达"和"优质表达"的区别，就会发现即使是同样的素材，是否"表达出自己的个性"也会对结果产生重大的影响。

表达出自己的个性，可以赋予信息不同的意义。而这种意义，恰恰决定了是否会引起读者的共鸣。

如果是名家的摄影作品，只要随便往那里一摆，大家自

然就会觉得"其中定有深意"。但我们不是名家,所以如果不尽力表达出个性,就称不上优质的表达。

今后更是如此,能否表达出自己的个性,取决于表达者是否具有独到的眼光及创意。

电视节目也是如此,如果有人能从异于他人的有趣视角对某个新闻进行报道,那他就一定能成为评论界的栋梁之材。

每个人都想独树一帜。想要拥有与众不同的表达能力,首先要做的便是通过不断的练习,形成自己独特的视角和评论能力。

 上传照片时,表达出自己的个性
 拍到好看的照片就满足了

第 8 章　具备个人色彩的输出

80 | 从特别的角度切入，实现独创性

除了上一节中提到的内容外，"找准角度""另辟蹊径"也是提升投稿效果的有效方法。简单来说，就是找到一个大家都会感兴趣的角度。

例如你到美术馆参观名画时，如果只是一味地介绍这幅画有多好，自己有多喜欢这幅画，当然没什么不对的地方，但就是缺乏新意。

德国文学研究者中野京子的做法就很值得我们借鉴，她在自己的著作《胆小别看画》（角川文库）中，从名画的"可怕性"这个独特的视角，为我们展示了名画的"新看法"。

自从中野京子提出了"可怕的画"这个理念后，我们这些一般观众也从最初对名作的不知所云，转变成了"还别说，有些画看起来还真是挺可怕"的心态。中野京子的这个理念也因此大受追捧。

当然，中野京子之所以能找到这个独特的角度，皆是因为她高深的绘画造诣与深厚的知识积淀。

我们虽然做不到学者大家般的学富五车，但至少也能从个人的兴趣出发，找到"另辟蹊径"的入口。

例如，"喜爱美食之人，可以着重介绍电影中出现的美食""对建筑感兴趣的人，可以着重介绍电影中出现的各种建筑物"。事实上已经有人付诸行动了。

如果我专门在博客上写"那些令人毛骨悚然的推理小说",想必也能收获一批粉丝吧。

说到令人毛骨悚然的推理小说,最具代表性的想必就是凑佳苗与真梨幸子了。

前几日在报纸上看到了一则关于国际货币研究所理事长渡边博史先生的报道。

渡边博史原是日本大藏省(译者注:大藏省是日本自明治维新后直到 2000 年间存在的中央政府财政机关,后改制为财务省和金融厅)的职员,他非常喜欢推理小说。在饱览世界推理小说后,渡边博史先生提笔创作了《从推理小说看世界 120 国》(早川书房)这本世界推理小说指南,并在此后的二十年间,连续担任推理小说文学奖的评委。

渡边先生认为,我们可以通过推理小说,对相关国家的文化、社会经济及历史背景有一个初步的了解。

渡边先生本就从事着国际性工作,所以他选择的这个切入点,可以说是完美结合了自身的专业与兴趣。这种方法非常值得商务人士借鉴。

结合自身实际情况,找到一个适合自己的独特角度进行描述,我想,一定会有令人意外的效果。

第 8 章　具备个人色彩的输出

 按自己的兴趣创作就能以独特的视角创造出原创作品

✕ 一味地发一些只有自己感兴趣的话题

81 | 出门的时候尽量找到一件有意思的事物

想要在 SNS 上发布精彩的文章,可以通过日常训练实现。

说是训练,其实也不是多特别的事情,比如可以在上班、上学途中尽量挖掘一些有意思的景色,然后将它发布到 SNS 上。这种训练无须老师指导,只要自己勤加练习就可以。

有一本名为《路上观察学入门》(筑摩文库)的书,由赤瀬川原平等"路上观察协会"成员联合编撰,主要介绍的是他们每天行走在路上时无意间遇到的诸如形态奇特的建筑物、广告招牌,甚至窨井盖等等。

路上观察学的有趣之处在于,某些事物虽然不足以被视为风景,却因为别具特色,而让人看到了隐藏其中的艺术价值。

就比如我在静冈县的老家对面,建有一栋四层小楼,楼顶上常年停着一辆小汽车。

暂且不论屋顶适不适合用来做停车场,单就说这辆车怎么上去的,又该怎么开下来这件事,就够匪夷所思了。我小时候就天天寻思,这辆车到底是谁的,又是出于什么目的停到屋顶上的呢?

但那个时候,即便我想告诉很多人"我家对面有一栋楼顶停着小汽车的洋楼哦",会惊讶地说"那真的好特别哦"的,无非也就是自己的同学罢了。

现在则完全不同了，如果我们遇到一些特别的风景，只要随手拿起手机一拍，再上传 SNS，照片瞬间就会飞往世界各地。

所以如果我现在拍下一张屋顶小汽车的照片，然后上传到 SNS 上，我想一定会引起一阵小轰动的。

很多电视节目也是以全国各地的奇特风景为主题的。

我相信，这个世界上一定还有很多尚未揭开面纱的景色，等着我们去挖掘。

所以多多拍摄一些有趣的风景，并积极上传到 SNS 上去吧！不过要注意一点，拍摄过程中不要给景物的主人或是无关的他人带来困扰哦！

在上传照片的时候，可以试着加一两句自己的见解。

○ 拍摄特别的风景，并投稿

× 闯入私有领地，或侵犯他人肖像权

82 | 不要单纯炫耀自己的"现充（现实中过得很充实）"

吃了美食、去了好玩的地方、买了奢侈品……如果在 SNS 中单纯炫耀自己的"现充"，反而会让人觉得索然无味。

据说，Facebook 等 SNS 让年轻人敬而远之的一个很大原因就在于，那些中年用户总喜欢在上面炫耀自己的"现充"。

尽量不要输出一些看似炫耀自己的内容，而是应该突出"变化"本身。

我的人生的确发生了一些变化，但变化不等于需要炫耀。

"我也曾经窘迫过，不过经过了 ×× 的努力，如今也过上了好日子。"用这种单纯表达变化的标题，不仅会降低他人的厌恶感，还可能会引起大家的共鸣。甚至还会收获一片赞叹声——"真是个上进的人啊"。

再比如，如果用"最近瘦了十斤哦"或是"买了一件漂亮的衣服"为题，就会给人一种炫耀"现充"的傲慢之感。

但如果突出的是"变化"这件事呢？

"我一直都想努力减肥，最早也尝试过 ×× 的方法，谁知道反而胖了两斤。于是我又试了 ×× 的方法，总算瘦身成功。所以买了这条看上了好久的裙子，算是对自己的奖励吧。"

这种表达突出的是一种变化的过程,"通过自己的努力"实现了愿望,这就不是炫耀,而是分享自己成功的经验。

具体且实用的信息,对其他人来说也具有参考借鉴的价值。所以在投稿时如果能注意这一点,可能就会收获很多好评,例如"我也想试试""你真了不起"等。

对于自己擅长的领域,或是成功的案例,也可以采用自黑的方式进行描述,例如加入一些自己失败的糗事等等。

SNS 上的投稿要避开"现充"炫耀,而是加入"变化"和加重"自黑"的成分。

我擅长逻辑型辩论,但如果单纯这么说,难免会给人一种傲慢的印象。所以我一般会说:"我对自己的辩论能力很有信心,所以学生时代经常舌战群雄,打得同学们体无完肤。结果发现我竟然没朋友了。所以说啊,能言善辩可不一定就是好事哦。"

用自黑的形式表达,会让发言变得更幽默,也容易让他人认同你。

○ 投稿的是对他人有参考价值的内容
✗ 用聚会、聚餐的照片直接投稿,炫耀自己的"现充"

83 | 取一个吸睛的标题

在 SNS 上发表文章时，标题是否足够吸睛，对关注度的高低会产生很大的影响。那么，我们应该如何掌握这种技能呢？

首先，我们要大量阅读吸睛标题。当被问到"列举出你觉得书名最吸睛的十本书"时，要做到毫不犹豫地脱口而出。

我曾听一个创作者说，他在招聘新人时，会让应聘者从现有的文案中列举出自己认为最优秀的几个。

不得不说，这真是一个非常聪明的办法，我也不由得为之折服。如果应聘者说不出自己觉得好的案例，就说明此人经验平平。除此之外，还可以从应聘者对文案的喜好中，看出此人的品味和融合性。

阅读并积累一些吸睛的标题，可以从中获得灵感，通过词语的重组创造出新的标题。由灵感创作出来的标题，就不是对他人知识的窃取了，而是真真正正的属于自己的成果。

说到这里，如果你的脑中依旧没有任何思路，不妨回想一下自己曾经见过的畅销书、电视节目或是热门文章的标题。

可能就会想到一些很早以前的节目，但它们的标题现在回想起来依旧让人觉得很有意思。

例如从前富士电视台有个节目叫《笑一笑又何妨！》，这个标题就很不错。"又有何妨呢！"是一句我们常说的话，所以这个标题不仅朗朗上口，还会让人不禁嘴角上扬。

日本电视台《月曜夜未央》（译者注：月曜夜即星期一晚上）也是一个绝妙的标题。一看就知道是星期一播放的深夜节目。

再说到书籍方面，近藤麻理惠的《怦然心动的人生整理魔法》（sunmark 出版）可以说是提出了一种划时代的概念。这是一个由"整理"和"怦然心动"组成的新词，同时也会让我们很自然地联想到"怦然心动"的英语"Spark Joy"。

山下英子提出的"断舍离"也是一个令人拍案叫绝的概念，可以说，只要听过一次就觉得不会忘记。这三个字不仅带有佛教的色彩，本身也很浅显易懂，一看就知道是让我们果断丢弃无用之物。

仅仅通过对现有标题和现有文案的重新排列组合，有时也能创造出十分有趣的新文案。

例如，有个著名的文案叫"No Music，No Life."。我们只要抽换掉"Music"这个词，就会有新的文案产生了。比如"No 麻将，No Life."或是"No 拉面，No Life."等等。

不要一个人冥思苦想，要多多借助他人的智慧。很多时候，好的标题或是名称，往往就是在众人"这也不行那也不行"的声音中诞生的。

拙著《朗读日语》一书，起稿之初是以《日语默读精选文》为暂定书名的。

我和出版社多次对书名进行了讨论，某次会议上，编辑突然提出了《朗读日语》的方案，那一瞬间，所有人都异口同声地喊道："就是它了！"

一个好的标题，往往是所有人都会觉得"就是它了"的标题。换句话说，这是独一无二的。正确答案只有一个，在此之前，我们必须不厌其烦地找到它。

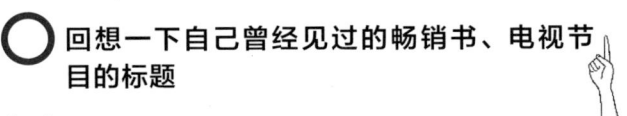

○ 回想一下自己曾经见过的畅销书、电视节目的标题

✕ 随随便便起一个敷衍的标题

84 | 限定一个主题

"限定"会让很多事变得更有趣。

足球之所以风靡世界,不正是因为不能用手运球吗?篮球之所以大受欢迎,不正是因为三步上篮的限定吗?

正如前文所述的"截止日期"效果一样,"限定"对输出而言,是一种很好的推动力,而且往往能带来意想不到的效果。

说到"限定",除了上文中提到的"截止日期"限定外,"主题"的限定也是十分有效的方法。

比如,以"拉面"为题,写一则博客。

单纯写各种拉面,当然也是一种写法,但范围太广,看起来难免就像流水账一样寡淡无味。

"只要是关于拉面的话题就可以。"我想,越是这种看似毫无要求的要求,越是让人觉得头疼。

那么如果在这个基础上加一个限定条件呢?比如"湘南的拉面""京都的拉面"等对地域的限定,或是"番茄拉面""二郎拉面"(译者注:东京一家著名的拉面馆)等对类型的限定。

限定主题后,输出会变得更简单。

第 8 章 具备个人色彩的输出

如果限定"番茄拉面"这个主题,我们就可以马上明确下一步的行动目标,比如先找到一些提供番茄拉面的店铺,然后点餐、试吃、评价。

限定主题后,输出会变得更有特点。

即便是一个对番茄拉面没多大兴趣的人,听说有博主专做番茄拉面的评论后,也会觉得"居然还真有人只做一种口味的研究啊"。

听的人多了,或许就真有人慕名来观看了。

所以,限定主题后,更容易吸引他人的目光,也更容易引起他人的注意。

但也要注意一点,如果限定条件过于苛刻,就会让自己无路可走,所以一定要找到一个平衡点。

○ 限定主题后,尽量再一次缩小范围
✕ 对象太多,宛如流水账

85 | 即便不是科班出身，也可以给自己安一个"小说家"的名头

输出这件事，其实就是一种创造"identity"的过程。

identity这个概念，最早是由美国精神分析学家爱利克·埃里克森提出来的，后人将之译为"主体性""自我同一性"或"存在证明"。

举个具体的例子进行说明：在被问到"你是谁"的时候，如果回答"我是某某"，那么这里的"某某"就是一种自我同一性的表现。

"我是明治大学的教师"，这是一种自我同一性；"我是静冈县人""我是斋藤家族的一员""我是一名教育行业工作者"……这些也都是自我同一性。

所有这些要素，组成了一个人的自我同一性。

当然，输出时的立场也是一种自我同一性。正因如此，我们可以通过输出，形成自己的自我同一性。

例如在 SNS 上发表小说的人，我觉得完全可以说"我是一名小说家"。同理，平时喜欢写一些电车题材文章的人，也完全可以将自己定义为一名"铁轨评论家"。

即便只是一个偶尔发表小说的上班族，也可以堂堂正正地称自己为"小说家"。上班族和小说家本来就不是矛盾的

第 8 章　具备个人色彩的输出

存在。

这种例子古已有之，日本历史上的几位著名文学家，例如森鸥外、加贺乙彦、北杜夫、斋藤茂吉等，本职都是医生，但人们最熟悉的却是他们"小说家"的身份。漫才艺人又吉直树最近也凭借着小说《火花》拿下了芥川文学奖。

并不是只有专职写小说的人，才能被称为小说家。

也许会有人觉得："话虽如此，可我写的小说一直都无人问津，又哪里好意思自诩为小说家呢？"

但实际上，最终能登上领奖台的小说家真是凤毛麟角，占据文学市场主力地位的，还得说是那些兼职的小说家。

诗人更是如此，基本看不到以写诗为生的人。"能赚到钱

吗？""这些收入足够维持生计吗？"其实这些都不重要。

被现代人视为画坛巨匠的凡·高，据说生前也只卖出过一幅作品。当然也有人说这个说法不可信，其实卖出的不止一幅。但无论真假，至少我们可以明确一点：一个画家是否伟大，与其是否赚到了钱毫无关系。

我相信凡·高一定是以"我是一个画家"的自我同一性继续着自己的绘画事业。即使他的画无人问津，即使没有人愿意接纳，但他就是一个画家，这一点谁也不能否认。

最重要的是给自己一个输出的机会，这会成为你形成自我同一性的契机。

○ 发挥优势，给自己一个专家头衔
✗ 畏首畏尾，觉得自己什么都不配

第 8 章　具备个人色彩的输出

后　记

在本书的最后,让我们再来复习一下"输出"的两大要点。

首先,输出的过程中最重要的既非才华也非品味,而是"这是我应该做的"这种责任感。

人类会在具有当事人意识的时候表达想法。例如会议的主持人再厌烦这项工作,也要硬着头皮主持下去。学校的老师再不喜欢自己的工作,也要努力把课上好。

另一个要点则是"仪式感"。

人会在表达自己的过程中获得成就感,或者可以说,得到一种生而为人的兴奋感。如此一来,就会把每一次的表达都当作一种仪式来对待。

请一定好好体会一下这种兴奋感。

"责任感"和"仪式感"会加速我们输出的欲望,会帮助我们克服一切障碍。

即便遇到困难也不逃避,而是用更加积极的心态不断寻找解决方法。

这个世界变化得太快了,以至于我们每天都过得心惊胆战,随时都要做好迎接新风险的准备。

一成不变的输出方式,只适用于曾经那个一成不变的年代。

是愁眉苦脸，还是乐在其中，这取决于我们的生活态度。

"同一份工作做了十年，好想挑战新工作啊！"——对于这样的你来说，这无疑是个幸福的年代。

认真输出的每一天，都会成为你未来的宝贵经验。

一位著名运动员曾说过："对一个运动员来说，最宝贵的既非金钱也非名望，而是和他人在一起追忆往昔的时光。"

这真是说到我的心坎里了，我本人就很喜欢和曾经的同学们回忆当年的校园生活——"那时候我们居然做了这种事啊……"。因为这些对我来说，都是非常宝贵的人生经验。

步入社会以后，我也很喜欢和同事们聊聊曾经的工作——"那个项目，真是太有意思了。""好神奇，就跟做梦一样。"

现在你对输出的全神贯注，我想一定也会成为若干年后的珍贵回忆。

我希望每一位读者，都能养成输出的好习惯，这一定会成为将来的美好回忆。

我也希望，这本书能成为你养成这一良好习惯的引路人。

承蒙钻石社的斋藤顺先生与作家渡边稔大先生的鼎力协助，借此机会，谨对二位先生表示诚挚的谢意。

明治大学文学部教授　斋藤孝

2020 年 5 月

OUTPUT SURU CHIKARA by Takashi Saito
Copyright © 2020 Takashi Saito
Simplified Chinese translation copyright © 2021 by
CMYK Culture And Media Co., Limited
All rights reserved.
Original Japanese language edition published by Diamond, Inc.
Simplified Chinese translation rights arranged with Diamond, Inc.
through RINCH INTERNATIONAL CO.,LIMITED

图书在版编目（CIP）数据

输出力 /（日）斋藤孝著；潘郁灵译 . —— 杭州：
浙江文艺出版社, 2021.9（2022.4 重印）
   ISBN 978-7-5339-6524-2

Ⅰ . ①输… Ⅱ . ①斋… ②潘… Ⅲ . ①知识传授
Ⅳ . ① G421

中国版本图书馆 CIP 数据核字 (2021) 第 119858 号

版权合同登记号：图字 11-2021-143 号

责任编辑	金荣良　蒋　莉
封面设计	大　园
责任印制	张丽敏

输出力

[日] 斋藤孝 著　潘郁灵 译

出版发行	浙江文艺出版社
地　　址	杭州市体育场路 347 号
邮　　编	310006
电　　话	0571-85176953（总编办） 0571-85152727（市场部）
印　　刷	杭州丰源印刷有限公司
开　　本	880 毫米 ×1230 毫米　1/32
字　　数	166 千字
印　　张	7.5
插　　页	1
版　　次	2021 年 9 月第 1 版
印　　次	2022 年 4 月第 2 次印刷
书　　号	ISBN 978-7-5339-6524-2
定　　价	59.00 元

版权所有　违者必究
（如有印装质量问题，影响阅读，请与市场部联系调换）